听障学生
写作构思策略教学模式研究

李洁玲◎著

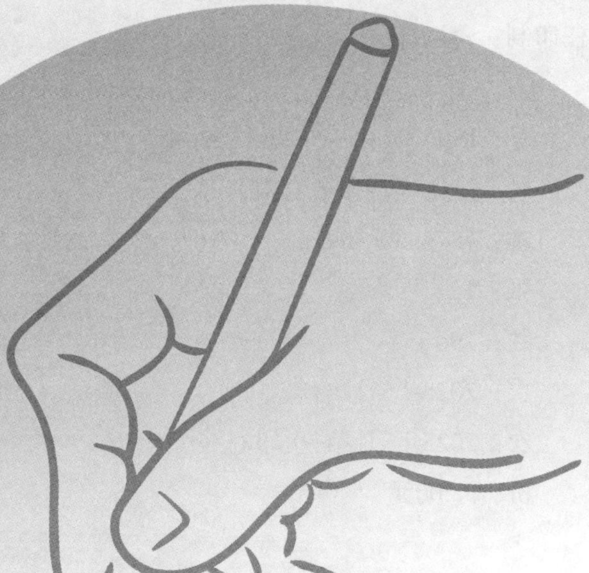

云南科技出版社
·昆 明·

图书在版编目（CIP）数据

听障学生写作构思策略教学模式研究 / 李洁玲著.
昆明 : 云南科技出版社, 2025. -- ISBN 978-7-5587
-6163-8

Ⅰ. G762.2

中国国家版本馆CIP数据核字第202556WG25号

听障学生写作构思策略教学模式研究

TINGZHANG XUESHENG XIEZUO GOUSI CELÜE JIAOXUE MOSHI YANJIU

李洁玲　**著**

出 版 人：温　翔
责任编辑：代荣恒
封面设计：常继红
责任校对：秦永红
责任印制：蒋丽芬

书　　号：ISBN 978-7-5587-6163-8
印　　刷：昆明理煋印务有限公司
开　　本：787mm × 1092mm　1/16
印　　张：12
字　　数：190千字
版　　次：2025年5月第1版
印　　次：2025年5月第1次印刷
定　　价：58.00元

出版发行：云南科技出版社
地　　址：昆明市环城西路609号
电　　话：0871-64134521

序　言

《听障学生写作构思策略教学模式研究》一书是李洁玲在其博士论文的基础上修改完善而成的。如今即将付梓，我感到特别高兴、欣慰。洁玲2019年至2023年在北京师范大学珠海校区跟随我攻读博士学位，期间在我的指导下开始关注和研究听障学生写作教学。

2019年11月，我受北京师范大学教育学部的郑璇教授邀请到珠三角地区某特殊教育学校访问交流，洁玲作为我的博士生一同前往。我们观摩了听障班级的语文课，并与听障班级的老师及学校相关领导座谈交流。这次访问让洁玲对听障学生语言学习的需求与困难产生了热切关注，不久她便再次到该校，针对听障学生的语言使用问题开展专门调研。这为她日后的研究埋下了一颗种子。

接下来的一个学期，洁玲一边兴致勃勃地自学手语，一边阅读了大量与听障教育相关的文献。在考虑博士论文研究方向的时候，我鼓励她以听障学生写作为切入点寻找选题。因为特殊学校一线教师认为写作教学很重要，但难度极大，学生不愿写、无话写的情况非常普遍，学生的学业及发展受到阻碍。而相关研究成果及教学资源少之又少。这样的选题兼具应用价值、学术价值及人文关怀，也能激发洁玲绵柔的利他心，并发挥她熟悉一线教学的优势。

通过大量文献阅读、调研以及与同道中人的深入讨论，确定以听障学生写作困难环节——构思为题。听障学生作文中的许多常见问题均与构思不足有关，而听障写作教学研究尚未充分关注构思的重要性，对构思策略教学的研究十分有限。本领域的一线教师在进行写作构思教学时，往往缺乏针对性的方法和适切的材料。因此最终确定聚焦听障学生写作构思策略教学，并计划按照“设计教学模式—开展教学干预—分析干预结果”三个阶段开展研究。

洁玲很快与之前访问的特殊教育学校联系，提出研究合作的意向，该校老师们都表示欢迎，学校领导也很支持。之后在文献调查、实地调研与专家咨询的基础上，洁玲从听障学生的认知特点与构思困难出发，以写作认知过程理论和支架理论为依据构建了支架式构思策略教学模式（SPSI）。此外，出于特殊教育一线经验和教师发展需求的考虑，教学干预阶段由参与研究的一线教师进行授课，洁玲作为观察者随堂收集数据。

2021年秋季学期，克服疫情期间的种种困难，教学干预基本顺利开展。期间洁玲每周到特殊教育学校观课，收集课堂观察数据和学生作文，并进行多次师生访谈。这些丰富的数据成为了她论文的重要支撑，但更令她欣喜的是来自学生的积极反馈。在学期初她一度感到沮丧，因为学生“怕写”甚至“厌写”的情绪很明显，教学前访谈时，还有的学生明确拒绝参加。而随着教学干预的深入，学生不仅写作表现逐渐改善，写作信心和兴趣也与日俱增。在最后一次访谈结束时，洁玲在回校路上便迫不及待地给我发信息，说尽管天气寒冷，但她心里很温暖，因为即使是学期初最排斥写作的同学，在课堂上也变得积极起来，并在访谈中表达了对写作课的真心喜爱。

本研究以解决听障学生写作教学的难点和痛点为旨归，聚焦听障学生写作构思的现实难题，独创性地构建了支架式构思策略教学模式。该模式对听障学生写作学习具有多方面的积极作用，不仅能够提升作文质量，而且有助于改善他们的构思表现和写作学习体验。值得一提的是，该模式的教学框架和相配套的教学材料，是在与听障教育一线教师开展合作教学的过程中不断完善的，因而具有较强的针对性，能够方便、适切地应用于听障学生写作课堂。在论文答辩时，专家们对其现实意义和应用价值予以了高度肯定。

我国现阶段就读于各类基础教育学校的听障学生大约9万人，写作是他们使用主流语言最重要的方式，对他们的日常生活、学业发展乃至自我价值的实现都具有重要影响。但由于学生听觉通道受限、教学资源相对不足等因素，相比健听学生而言，听障学生写作的教与学面临着可想而知的困难。希望李洁玲博士在这本书里探索的支架式构思策略教学模式，能为听障学生写作教学的“方法库”和“工具库”添砖加瓦，使教师更加“易教”“乐教”，学生更加“会写”“爱写”。

傅爱兰

北京师范大学文学院教授

目　录

第1章　绪　论　/ 1
1.1 写作对听障学生学业发展与自我实现的重要性　/ 1
1.2 听障学生构思策略写作教学的必要性　/ 2
1.3 研究目标、思路与方法　/ 4
1.3.1 研究目标　/ 4
1.3.2 研究思路　/ 5
1.3.3 研究方法　/ 7
1.4 概念界定　/ 8
1.4.1 听障学生　/ 8
1.4.2 写作构思　/ 9
1.4.3 构思策略教学　/ 9

第2章　听障学生写作现状　/ 11
2.1 听障学生的写作文本表现　/ 11
2.2 听障学生的写作认知表现　/ 13
2.3 听障学生的写作学习体验　/ 15
2.4 本章小结　/ 16

第3章　写作构思与构思策略教学研究概况　/ 18
3.1 写作构思研究　/ 18

3.1.1 写作构思的认知过程与机制 / 18
3.1.2 构思表现与写作水平的相关性 / 19
3.1.3 构思策略对写作表现的影响 / 21
3.2 构思策略教学研究 / 23
3.2.1 面向健听学生的构思策略教学 / 23
3.2.2 面向听障学生的构思策略教学 / 28
3.2.3 有效构思策略教学的重要特征 / 29
3.3 本章小结 / 32

第 4 章 听障学生写作构思策略教学模式：支架式构思策略教学 / 34
4.1 支架式构思策略教学模式的理论基础 / 34
4.1.1 写作认知过程理论 / 35
4.1.2 支架理论 / 39
4.2 支架式构思策略教学模式的基本框架 / 43
4.2.1 “教什么”：基于写作构思过程的认知策略 / 44
4.2.2 “怎么教”：两大教学支架 / 49
4.3 教学设计示例 / 59
4.4 本章小结 / 64

第 5 章 基于支架式构思策略教学模式的听障学生写作教学干预 / 65
5.1 教学环境 / 65
5.2 教学参与者 / 67
5.2.1 学生参与者的基本情况 / 67
5.2.2 合作教师的基本情况 / 70
5.3 教学内容与实施过程 / 71
5.3.1 教学内容 / 71
5.3.2 教学实施过程 / 74

5.4 数据收集 / 75
5.4.1 写作文本 / 75
5.4.2 访谈记录 / 75
5.4.3 其 他 / 77
5.5 数据分析 / 79
5.5.1 写作样本质量的评价 / 80
5.5.2 访谈数据的编码与分析 / 94
5.5.3 其他数据分析 / 95
5.6 伦理规范说明 / 95

第 6 章 支架式构思策略教学模式的教学干预结果及讨论 / 97
6.1 写作表现 / 97
6.1.1 文本表现 / 97
6.1.2 构思表现 / 110
6.2 写作学习体验 / 119
6.2.1 学习成效感知 / 119
6.2.2 学习过程体验 / 123
6.3 本章小结 / 129

第 7 章 结 论 / 131
7.1 支架式构思策略教学模式的适用性 / 132
7.1.1 教学内容方面 / 132
7.1.2 教学方式方面 / 132
7.2 支架式构思策略教学对听障学生写作学习的积极作用 / 133
7.2.1 改善了听障学生的文本表现 / 133
7.2.2 发展了听障学生在构思层面的策略性行为 / 134
7.2.3 促进了听障学生的积极学习体验 / 135

7.3 本研究的贡献 / 136
7.3.1 探索了听障学生构思策略教学的可行性和有效性 / 136
7.3.2 丰富了听障学生汉语写作教学的内容与方法 / 136
7.3.3 为听障学生写作课堂提供了实用性的工具和情境性的借鉴方案 / 137
7.4 本研究的局限与未来展望 / 137

参考文献 / 139

附　录 / 153
附录 1　访谈提纲 / 153
附录 2　写作测验题目 / 156
附录 3　写作时间记录表 / 158
附录 4　研究知情同意书 / 159
附录 5　教学实施过程（详表） / 162
附录 6　教学设计 / 165
附录 7　教学支架示例 / 173
附录 8　学生构思笔记示例 / 178
附录 9　写作评价标准参考 / 179
图表索引 / 181
后　记 / 183

第1章　绪　论

1.1 写作对听障学生学业发展与自我实现的重要性

听障教育是特殊教育的重要组成部分。2021年发布的《“十四五”特殊教育发展提升行动计划》中指出，特殊教育“是教育事业的重要组成部分，是建设高质量教育体系的重要内容，是衡量社会文明进步的重要标志”，但目前我国特殊教育“还存在发展不平衡不充分等问题，仍是教育领域的薄弱环节”。根据教育部官网公布的最新教育统计数据《特殊教育基本情况》（2022年），我国就读于各类基础教育学校的听障学生大约有9万人，在特殊学生中数量仅次于智力障碍和肢体残疾学生。提升听障教育教学的质量，促进听障学生的学业发展与自我实现，对我国特殊教育事业具有重要意义。

语文学习问题是听障学生学业困难的主要症结之一，语文能力尤其是书面写作能力的培养，是促进听障学生学业发展与自我实现的重要基础。听障学生由于各种原因导致不同程度的听力损伤，甚至是永久性的听力丧失，即使在佩戴助听器或人工耳蜗等助听设备的情况下，也很难完全听清周围环境的声音。而根据国家手语和盲文研究中心的调查，我国79.8%的听障学生听力损失发生在4岁以前，即“语前聋”[①]（倪兰、雷红波，2020）。这意味着我国大部分听障学生是在口头语言发展成熟之前发生听力障碍的。因无法清楚接收声音严重地阻碍了他们的口语发展，导致无法使用口语或者口语发音不顺畅、不清晰。这种听觉通道的生理障碍很难依靠后天教学来清除，因此书面写作是

① “语前聋”是指儿童在自然习得语言之前发生听力损失。

听障学生使用主流语言最重要的方式。

写作能力的高低对听障学生发展学业、参与主流社会生活乃至终身可持续学习、发展都具有深远影响（王志强，2012）。首先，语文能力是进行各学科学习的基础，语言能力尤其是读写能力不足，不仅会影响听障学生语文课程的学习，而且也会给其他学科知识的学习带来困难，从而影响整体的学业成就。其次，书面写作是听障学生与其他健听人群进行交流沟通最便捷也最有效的方式，对他们参与主流社会生活而言十分重要。尽管一部分听障学生具有熟练的手语技能，但目前手语主要在特殊教育学校或听障群体等小范围内使用。因此很多不具备书面表达能力的听障学生在社会交往中存在困难，不得不被动地缩小交际范围，导致与主流社会之间产生隔阂。最后，从更长远的角度来看，写作学习不仅有助于语言能力的建构，而且能够促进思维品质的提升和终身学习能力的培养，从而使学生在未来的学习和工作中具有更广阔的发展空间，更好地实现自我价值。

1.2 听障学生构思策略写作教学的必要性

写作对听障学生的重要性不言而喻，但现有研究表明，包括中国在内的许多国家中，听障学生在写作上存在明显困难，写作能力普遍落后于同龄健听学生（Antia et al.，2005；金慧媛等，2013；Arfé，2015；Jin & Liu，2016），甚至很多听障学生在高中毕业时，写作水平仍与小学三四年级的健听学生相当（Mayer，2010；Nicolarakis，2020）。从写作表现来看，听障学生在写作认知过程中常常存在构思不足、不知如何构思等问题，这极大地影响了其写作质量。

写作是一项复杂的认知活动，其认知过程主要包括构思、转译和修订三个环节（Hayes & Flower，1980）。其中构思是写作过程的首要环节，主要涉及确定写作目的、预设读者需求、选择写作内容、组织文章结构等策略性行为。相关研究表明，高、低水平的写作者在构思方面的差异是造成二者写作水平不同的重要原因。高水平的写作者通常更重视构思，在构思过程中他们会制定一套初始的目标来指导写作过程，并根据这些目标来生成和组织写作内容；而低水平的写作者常常忽略构思，在接到写作任务后便直接动笔，缺乏对写作任务的思考以及对写作过程的规划（Bereiter & Scardamalia，1987；Saddler et al.，2004）。鉴于构思在写作过程中的关键地位，Flower和Hayes（1980）等认为，提高学习者写作水平的重要方法之一是改进他们写作时所经历的构思过程。而针对写作困难学生的研究发现，他们在构思环节，尤其是生成和组织内容的过程中之所以具有明显困难，相当一部分原因在于没有采用有效的策略来支持这些过程（Graham et al.，1991）。这些学生往往缺乏有关构思过程和相应策略的知识，不了解如何根据写作任务的需要来采取合适的方法、步骤，也不懂得如何有效地管理构思过程。因此在国际上，针对写作困难学生的写作教学十分重视发展学生的构思技能与策略性知识。相关实证研究也表明，对写作学习者，尤其是写作困难学生进行明确的构思策略教学，指导他们科学、有效地进行构思，有助于改善其构思表现，进而提升写作水平（De La Paz & Graham，1997，a、b；Harris et al.，2006；田澜、张大均，2011等）。

听障学生在构思方面的典型表现与低水平写作者及一般写作困难学生十分相似，他们在写作过程中常常不重视构思，具体表现为审题简单，缺乏明确的写作目的，仅仅从记忆中搜索与写作任务相关的信息，并直接将这些信息呈现在纸上，想到什么就写什么、想到哪儿就写到哪儿（石志霞，2007；崔亚冲，2022）。这种写作方式反映到文本上，难免造成听障学生作文中的一些普遍而突出的问题，例如，中心不明确、细节描写不足、内容缺乏连贯性等（Maxwell & Falick，1992；刘卿，2011等）。因此针对听障学生在构思方面的问题进行教学干预，发展其构思技能与策略性知识，改善其构思方式，对于提升听障学生写作教学质量而言具有突出的现实必要性。

考虑到构思的重要性以及听障学生与一般写作困难学生在写作表现上的相似性，我们可以预见构思策略教学对提升听障学生写作水平具有积极作用，但这一点目前还缺乏实证研究的支持。现有的构思策略教学研究主要面向健听学生，尚未见到针对听障学生进行系统构思策略教学干预的研究。现有写作构思策略教学方法及配套材料的开发也主要基于一般写作困难学生的特点，而未充分考虑听障学生的语言背景、认知特点及其对视觉信息的依赖性。听障教育领域的一线教师在开展写作教学，尤其是写作构思教学时，往往感到方法和材料上的匮乏。因此，开发面向听障学生的写作构思策略教学模式及配套材料，一方面能够为一线教师提供实质性的教学支持，解决听障学生写作教学上的难点和痛点；另一方面也能够为听障学生提供写作支架，帮助他们克服写作构思过程的困难、提升写作水平，进而为学业发展和自我实现打好基础。

1.3 研究目标、思路与方法

1.3.1 研究目标

开展写作构思策略教学对促进听障学生写作学习具有重要意义，但目前相关研究较少，也尚未见到专门针对听障学生构思策略教学的系统方法。因此本研究尝试结合听障学生写作学习的难点和特点，为听障学生开发一个具有针对性的构思策略教学模式，并基于该模式进行教学干预。

具体研究目标如下：

（1）构建一个适用于听障学生的构思策略教学模式。

（2）通过在真实教学情境中实施干预，探讨基于该模式的构思策略教学对听障学生写作学习的影响。

围绕目标一，本研究主要借鉴写作认知过程理论和支架理论，针对听障学生写作构思的普遍困难，设计支架式写作构思策略教学（Scaffolding Planning Strategies Instruction，SPSI）模式，并开发切合听障学生视觉记忆特点、用于支持听障学生写作构思学习的工具支架和社会支架。

围绕目标二，本研究进入珠三角地区某市一所综合性特殊教育学校，以该校职高阶段听障教学班的学生为对象，与该班语文教师合作展开为期 3 个多月的教学干预，并通过写作测验、师生访谈、教学观察等方式收集干预数据。

1.3.2 研究思路

本研究聚焦听障学生写作构思策略的开发与教学干预，围绕研究目标，主要探讨以下研究问题：

（1）适用于听障学生的构思策略教学模式是什么？

（2）基于该模式的构思策略教学干预对听障学生写作学习的影响如何？

① 经过教学干预后，听障学生的写作表现（包括文本表现和构思表现）如何？

② 经过教学干预后，听障学生的写作学习体验（包括学习成效感知和学习过程体验）如何？

针对上述问题，本研究首先从听障学生写作构思的普遍困难出发，在借鉴相关理论及研究成果的基础上设计适用的构思策略教学模式；其次将所设计的教学模式应用于听障学生写作教学的真实情境，考察该模式在具体教学情境下的效用；最后结合教学干预数据的分析结果，对研究问题做出回应。

整体研究思路如图1所示：

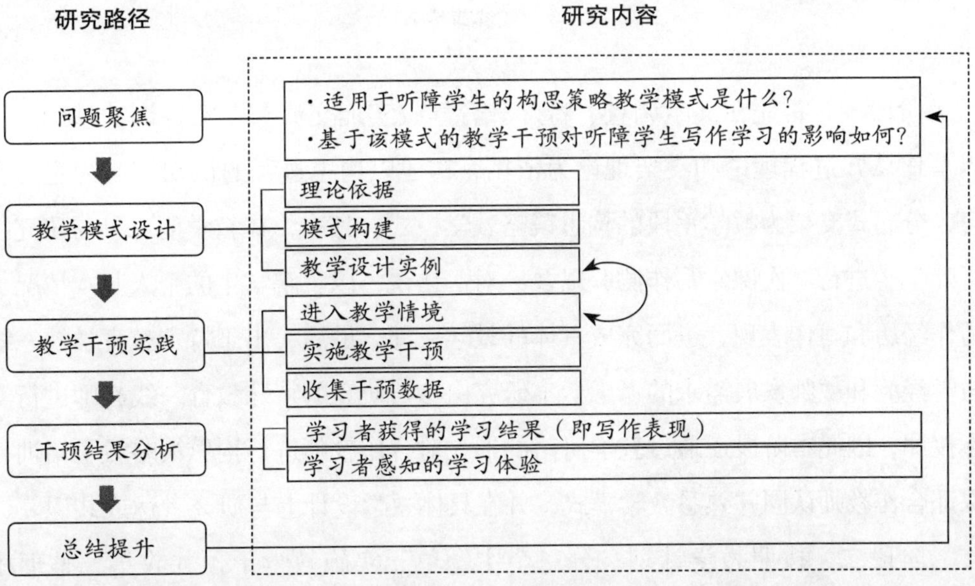

图1　研究思路示意

根据上述整体思路，本研究分为准备与设计、教学干预实践、结果分析与反思三个阶段。具体研究步骤如图 2 所示：

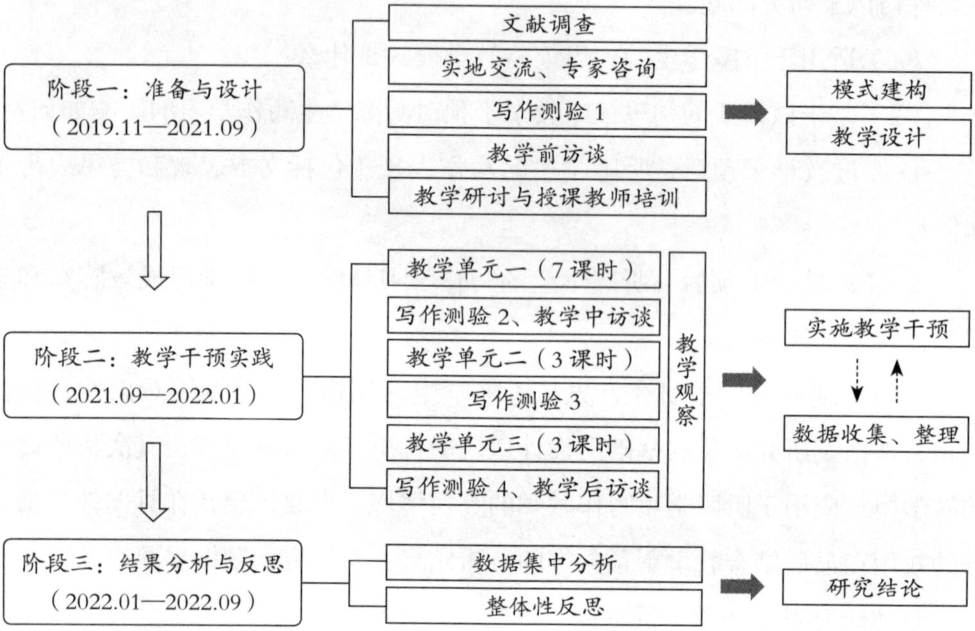

图 2　研究步骤示意

阶段一，首先在文献调查、特殊教育学校实地交流与专家咨询的基础上，以写作认知过程理论和支架理论为依据，构建以构思过程的认知策略为主要内容、分布式支架为教学手段的构思策略教学模式。其次，在教学前对参与研究的听障学生进行一次课堂写作测验以及一对一访谈，以了解学生的个人基本情况、写作经历和写作表现，进而完成具体的教学设计。最后，出于特殊教育学校一线教学经验和教师发展需求的考虑，本研究由参与研究的特殊教育一线教师进行实际授课，因此本阶段还通过教学研讨的形式对合作教师进行构思策略教学培训，保证合作教师认同并熟悉教学模式，并在具体教学设计上与研究者达成共识。

阶段二，按照教学计划，分三个主题单元实施教学干预并收集、整理相关数据。在每个单元结束后进行一次课堂写作测验，以了解学生写作文本表现的变化轨迹；单元一和单元三结束后，分别进行一对一访谈，目的是了解学生的构思情况和写作学习体验；此外，在整个干预过程中持续进行教学观察，一方面收集研究数据，另一方面对教学信度进行检查。

阶段三，对教学干预的数据进行集中分析，从学习者获得的学习结果（包括写作的文本表现和构思表现）与感知的学习体验（包括对写作学习成效感知和学习过程体验）两个维度考察、反思干预的情况，进而得出研究结论。

1.3.3 研究方法

本研究从听障学生写作构思的具体困难出发构建教学模式，并把解决真实教学情境中的实际问题作为教学干预的价值取向。听障学生内部差异性较大，且一般分散在普通学校和特殊教育学校的不同年级中。其中特殊教育学校的听障教学班通常采用不超过 12 人的小班教学，很难在同一年级找到足够的样本量来进行对照实验。这意味着，纯粹的量化方法，尤其是通过较大样本量和内部同质性来实现统计上普遍性意义的对照实验法并不切合听障学生教学的实际。因此本研究以特殊教育学校的自然教学班为干预情境，采用定性和定量相结合的方法，综合多种类型的混合式数据来考察干预的效果，以求相对全面地反映构思策略教学在真实教学情境中的实施情况和具体效果。

定性方面，本研究主要使用访谈法和观察法收集相关数据。在教学前、教学中和教学后分别对研究参与者进行一次半结构式的正式访谈，并在整个干预过程中进行多次随机访谈，以了解学生的学习体验以及写作构思行为的变化，教学观察则持续整个干预过程。完成访谈和观察数据的收集和整理后，我们主要借助 MAXQDA 2020 软件，采用主题分析法对这些定性数据进行分析。

定量方面，本研究在教学前、中、后分别进行一次课堂写作测验，并使用自主开发的写作评价工具，由本书作者与 1 位语言学专业的高校教师、1 位博士后研究人员[①]担任评分员，对学生的写作文本进行独立评分，以考查学生

① 在本书出版时，这位博士后研究人员已顺利出站并成为高校教师。

在教学干预中的文本表现变化。关于评分的信度，使用 SPSS 28.0 软件计算评分结果的肯德尔协同系数（Kendall's W），以保证评分员间的一致性。

1.4 概念界定

本节对本研究中涉及的重要概念进行界定。

1.4.1 听障学生

我国现行《残疾人残疾分类和分级》国家标准（GB/T 26341—2010）将听力障碍定义为“听觉系统中的感音、传音以及听觉中枢发生器质性或功能性异常，而导致听力出现不同程度的减退”，并把“各种原因导致双耳不同程度的永久性听力障碍，听不到或听不清周围环境声及言语声，以致影响其日常生活和社会参与”的情况界定为听力残疾。本研究中的听障学生是指患有不同程度永久性听力障碍并就读于特殊教育学校的听力残疾学生。

听障学生接受教育的途径主要有特殊教育学校和普通学校随班就读两种（倪兰、和子晴，2022）。根据教育部官网公布的教育统计数据《特殊教育基本情况》（2020 年）[①]，我国现阶段有超过一半的听障学生就读于特殊教育学校。这些就读于特殊教育学校的听障学生通常具有程度较深的听力障碍，即使佩戴助听器或人工耳蜗等助听设备，也仅能有限地听到声音，因此通过有声手段来理解和表达汉语的能力有限。书面写作既是他们使用汉语主要的可能途径，也是语文学习的难点。

---

① 目前教育部官网公布的教育统计数据已更新至 2022 年，但由于《特殊教育基本情况》（2021 年、2022 年）中未提供不同类型学校的听障学生数量，所以此处以 2020 年的数据为参考。

1.4.2 写作构思

作为一个在写作研究领域中广泛使用的概念，不同的研究者从不同的视角对“构思”的概念进行了阐述。Hayes 和 Flowers（1980）从认知心理学的视角，将写作活动分为构思、转译（即撰写）和修订三个基本过程，其中构思是指作者根据写作任务的要求，从长时记忆系统中提取有关信息，设定写作目标，并形成写作计划的认知过程。Eills（2005）从语言习得的视角，把构思看作人们在使用语言来说话或写作时，根据交际目的，预先对说、写的内容和方式做出决定的一种活动。戴健林、朱晓斌（2003）则借鉴文章学的观点，从狭义和广义两个层面界定写作构思的概念：狭义的构思专指文章的结构安排；广义的构思则指行文前的一系列思维活动，包括对素材的分析、鉴别，揭示素材所包含的思想、意念等，提炼文章所要表达的意旨，并按意旨表达的需要选择题材、确定文体、布局谋篇。

尽管不同研究者对构思定义及内涵的阐述各有侧重，但综合上述观点可以明确，写作构思是一种准备性的认知思维活动，是写作过程的重要组成部分。在本研究中，它具体指写作者思考如何完成一项写作任务的内在认知过程，即作者围绕特定的写作任务，对写作的目的和步骤进行考虑，进而在大脑中搜索相关的写作信息，并组织所要表达的内容。构思是一种内隐性的活动，但在一定程度上也可以借助外部工具来进行，例如，有的作者会在构思过程中用文字、图示等方式把大脑中思考的内容呈现出来，形成笔记或提纲等，这些手段被视为构思的外在表现（Hayes & Nash，1996）。

1.4.3 构思策略教学

构思策略是写作策略的一种。修旭东、肖德法（2006）根据 Ellis（1994）列出的策略特点和相关定义，区分了两种不同意义上的写作策略：一是写作学习策略，指写作学习过程中采用的措施；二是写作过程应用策略，指进行具体写作时采用的措施。本研究中的构思策略属于第二种意义上的写作策略，具体指写作者在构思过程中，为了完成写作任务所采取的方法和步骤。

构思策略教学则是指以教授构思策略为目的的教学活动及方法，它属于写作策略教学的范畴。根据 Graham 和 Perrin（2007）的界定，写作策略教学是指明确地指导学生学习有关写作构思、撰写、修改和编辑等方面的步骤和方法，旨在通过改善学生的写作行为来提高其写作水平。参考这一定义，本研究中的听障学生构思策略教学可以界定为：通过明确地指导听障学生学习有关写作构思的步骤和方法，以改善他们的构思行为，进而提高其写作水平。

第 2 章　听障学生写作现状

任何写作教学都建立在了解教学对象写作现状的基础上。而在探讨写作现状时，文本、认知过程和学习体验是三个重要的维度。文本是写作的直接产物，是评估写作水平的重要依据。认知过程作为驱动文本生成的内在机制，决定了学生如何构思、组织和表达思想，在写作中起着至关重要的作用。学习体验则关涉学生在写作学习上的情感体验以及对写作成效的感知等，积极的学习体验能够促进学生的认知发展和写作技能提升，消极的学习体验则可能抑制其写作潜能。这三个方面相互关联，共同构成有关写作表现的立体图景。因此本章通过梳理有关听障学生写作文本表现、认知表现和学习体验的国内外文献，以求多方位地了解听障学生的写作情况和具体困难，从而为教学模式的设计提供参考。

2.1 听障学生的写作文本表现

无论国内还是国外，关于听障学生写作现状的研究大多聚焦于写作文本。

从整体水平来看，听障学生的写作文本表现与同龄健听学生相比普遍存在较为明显的差距，甚至很多听障学生到 17 岁或 18 岁时，写作水平仍与 8 ~ 10 岁的健听学生相当（Mayer，2010）。Antia 等（2005）以 110 名就读于美国公立学校三至十二年级的听障学生为对象，将他们在标准化测试中的写作得分与常模进行比较，结果发现这些学生在故事结构、语言表达和书写规范性等方面的平均得分低于常模均值。

对听障学生写作文本的具体分析则表明，无论是写作内容的发展与组织，还是语言的表达，都表现出一些具有群体共性的问题。

在内容的发展和组织方面，听障学生的作文常常缺乏明确的中心和充分的细节描写，并且不太注意语言的连贯与衔接（Maxwell & Falick，1992；Yoshinaga-Itano et al.，1996a、b；Anita et al.，2005；刘卿，2010）。Maxwell 和 Falick（1992）分析了美国四年级、八年级听障学生和健听学生的作文，发现虽然两者所使用的衔接类型具有相似性，但在连接词的丰富性、衔接的有效性和语篇的连贯性上都有较大差异。相比而言，听障学生使用的具体连接词往往较为单一，衔接有效性较弱，因而语篇常常显得不连贯。Yoshinaga-Itano 等（1996a、b）也报告了听障学生书面作文的语篇问题：缺乏具体的细节描写和说明，以及较少使用合适的衔接手段等。刘卿（2010）则通过分析 2007 年至 2009 年报考南京特教学院的九年制聋校毕业生的语文升学考试试卷，考查了中国听障学生语文书面语言能力的基本情况。其中写作方面除了普遍存在词汇贫乏、语句不通等语言层面的问题外，还存在信息量小、知识面狭窄、思想浅薄、条理紊乱、无中心或中心不明确等内容层面的问题，并以无中心或中心不明确的问题最为突出。但也有研究认为，当听障学生了解读者和主题，并且头脑中有明确的写作目的时，他们可以写得非常清晰、有力（Marschark et al.，2002）。

在语言表达方面，Marschark 等（2002）概述了 Cohen（1967）、Heider 和 Heider（1940）、Simmons（1962）、Yoshinaga-Itano 和 Snyder（1985）等研究，指出听障学生作文的若干语言特征，如相比同龄健听学生而言句子更短、结构变化更少，倾向于重复使用常用的单词和短语，且经常省略单词等。有关中国听障学生写作的研究也表明，中国听障学生在语言表达上存在许多普遍问题。高彦怡（2008）收集了 56 篇听障高中生的作文，从字、词、句三方面分析其语句，发现字词问题主要是错别字、用词不当和代词误用，句子问题主要是成分残缺或赘余、语序不当和歧义。瞿秋霞（2006）以 30 篇小学六年级听障学生的作文和日记为样本进行分析，也得出类似的结果：结构残缺、用词不当和表达不周是听障学生主要的句子偏误。刘杰、卢海丹（2007）对 40

名四至六年级的听障学生进行问卷调查，共总结出其书面语表达中出现 33 种语法错误。这些错误中最主要的八种为：主语残缺、谓语残缺、宾语残缺、代词不当、动宾搭配不当、动补搭配不当、句子杂糅和句子成分冗余。黄红燕（2004）、王姣艳（2004）分别分析了五、六年级的听障学生的作文，归纳出来的问题也与上述研究大同小异。

2.2 听障学生的写作认知表现

写作是一种复杂的认知活动（Hayes & Flowers，1980），学习者在写作过程中的认知行为与最终创作的文本具有密切关系。现有文献中对听障学生写作认知表现的探讨主要涉及以下两个层面：

一是听障学生的思维特点及其对写作的影响。从生理机制来看，大部分听障学生的大脑是正常的，具备赖以进行思维活动的物质基础，但听力障碍给他们掌握语言这一思维的重要工具带来了困难，从而使得他们的思维活动呈现出特殊性（叶立言，1990）。由于听力受损，听障群体获取信息的主要通道是视觉而非听觉，因此其思维活动“带有明显的形象性，思维发展水平较长时间处在具体形象思维的阶段”（郑璇，2004），与此相应，他们的抽象思维发展比普通学生缓慢很多（教育部师范教育司，2000）。形象性思维对听障学生的写作认知具有重要的影响，吴铃（2005）以一位不懂手语的听障学生为对象进行写作个案研究，发现该生的思维符号系统中存在突出的视觉依赖现象，即写作时需要借助眼前的事物或直观符号，否则便会出现写作障碍。而具有手语背景的听障学生也同样会受到形象思维的影响，原因在于手语具有画面式和空间性的特点，而有声语言则是线性和时间性的，当听障群体从手语的思维方式转向有声语言的思维方式时，常常会导致词语、语序和句法上的偏误（吴铃，2007）。抽象思维能力发展缓慢也给听障学生的写作带来困难，付心如（2019）认为，听障学生在语言方面的能力不足，在很多情况下是与思维能力不足相伴而生的，例如，他们在写作文时，常常是想到哪儿写到哪儿，缺乏中心和条理。由此可见，听障学生在写作上之所以存在困难，不仅仅是因为语言知识掌握不足，更深层的原因还在于思维能力发展滞后。因此，很早便有学者指出，在教学实践中如果只是从语言到语言，并不能有效地提高听障学生读写能力，重视培养听障学生的思维能力，对提高他们的读写能力是非常必要的（叶立言，1981）。

二是听障学生在构思等写作认知活动中的具体表现。石志霞（2007）指出，听障高中生在写作认知过程中常缺乏明确的写作目的，只是完成老师布置的写作任务而写作，并且审题构思过于简单随意。“实际的写作过程中想到哪儿就写到哪儿，甚至出现根据字数多少随意增减内容的情况。这种随意的增减必然造成文章思路不顺畅、内容不协调、结构不严谨。”这些特点与崔亚冲（2022）对听障小学生的观察发现一致。此外听障学生还表现出认知的片面性，例如，观察事物往往只注意与视觉相关的属性，而忽略整体和事物的基本特征（石志霞，2007），这与郑璇（2004）、吴铃（2007）等提到的形象性思维所带来的影响也是一致的。也有极少数实证研究报告了听障学生在写作过程中的策略使用情况。Mayer（1999）采用回顾性访谈和刺激回忆的方法，考察了两名 13 岁听障学生的写作过程，发现他们使用了以下策略：首先，尽管没有发声能力，他们都使用了边写边动口或者边动口边打手语的方式来辅助写作。其次，他们通过回忆以前的教学内容或文本阅读经验来促进写作，两名学生的报告都显示，从以往教学中获得的知识、策略和阅读经验中积累的知识都能够被有效用于写作中。最后，他们还使用指拼的方式来帮助认识和书写单词。基于上述这些表现，Mayer 认为，两名学生实际上都使用了“以英语为主”的策略来支持他们的写作。他们要么直接使用英语（如动口“说”英语），要么使用以英语为基础的形式（如手势英语和指拼方式）；与此相对，尽管两人都是美国手语的熟练使用者，但都没有在写作时打手语。

尽管相关研究并不丰富，但上述文献在一定程度上揭示了听障学生的写作认知的特点。在深层思维方式上，听障学生较为依赖形象性思维，抽象思维能力发展相对不足，这种思维特点给他们的写作学习带来了不容忽视的困难；

在写作认知过程的具体表现上，相当部分的听障学生缺乏对构思等写作认知过程的有效管理，但也有研究发现口动、指拼和调动写作知识储备等手段能够促进听障学生的写作。这启发我们，在听障学生写作教学中，不能只关注他们的语言表现，而需要重视写作认知层面的思维能力，尤其是构思能力的培养，增强他们的写作知识和策略知识，以帮助他们更好地管理写作过程。

2.3 听障学生的写作学习体验

从认知表现和文本表现两个层面都可以看到，写作对听障学生来说是一项极具挑战性的任务，他们常常不能够很好地管理写作过程，作文质量与同龄健听学生相比，也存在较大的差距。与此相应，他们经常具有消极的写作学习体验，在写作及写作学习过程中感到沮丧和挫败（Nicolarakis，2020）。这些消极体验突出表现为以下两个方面：

一是写作信心缺乏，畏难情绪明显。听障学生在写作学习过程中普遍带有明显的畏难情绪，有些甚至把写作视为一种“痛苦的折磨”（石志霞，2007；王红、王斌，2011；陈晖，2019；崔亚冲、傅爱兰，2019）。与畏难心理相应，他们大多对写作缺乏自信。肖李娟（2012）采用问卷调查的方式，对比了 221 名听障初中生和 201 名健听初中生的写作效能感，发现听障初中生的总体写作效能感显著低于健听初中生，这说明他们在面对写作任务时常常缺乏足够的自信。

二是写作兴趣低落，缺乏学习主动性。写作技能的障碍和写作信心的不足在很大程度上使写作表现较差的听障学生对写作失去兴趣。肖李娟（2012）对听障初中生和健听初中生写作兴趣的调查显示，听障初中生的直接写作兴趣（即对写作活动本身的兴趣）和间接兴趣（即对写作活动所产生结果的兴趣）均低于健听初中生，并且在间接写作兴趣上的差距更为明显。白瑞霞（2014）也通过问卷调查的方式考查了 126 名高职听障学生的写作兴趣，从写作意愿来看，表示“很愿意写”“感觉还可以，会写出来”“看到作文题目心里就不舒服，比较烦”的学生分别占比 20.0%、61.3% 和 18.7%；而从写作频率来看，经常练笔的学生只有 13%，主要是程度较好、经常受到老师肯定的学生，其他大部分学生写作练习频率都比较低。这说明大部分听障学生对写作兴趣不大，从而也使得他们在写作学习方面缺乏足够的主动性，甚至敷衍对待教师布置的写作任务（袁芯，2013）。

综上可见，“怕写”和“厌写”是听障学生写作学习的两种典型心理体验。这些负面体验既与写作技能发展不足有关系，又反过来挫伤了写作学习的积极性，进而导致怕学、厌学的恶性循环。这种情况启发我们，面向听障学生的写作教学不仅需要考虑教学内容的科学性和针对性，还需要重视学生的学习体验，帮助他们在写作学习过程中获得积极体验，从怕学、厌学转为愿学、爱学，进而从怕写、厌写转为愿写、爱写。

2.4 本章小结

写作对于所有学生（包括听障学生和健听学生）来说，都是重要的技能，但同时也是最复杂和最困难的任务之一。在基础技能层面，写作者需要了解拼写和标点符号的规范，并使用适当的词汇和句法结构；在高阶技能层面，他们必须能够选择主题，计划和组织想法，并决定提供给读者的信息（Antia et al., 2005）。构思即属于第二个层面的高阶技能。从现有研究来看，听障学生在写作过程中普遍不重视构思，其写作文本中所呈现的问题很多也与构思不足有关，例如，不太注意语言的连贯与衔接、缺乏细节描写、没有明确的中心等，这些问题需要通过提升他们的构思技能来加以改善。因此，写作教学在关注文字、词语和语法等基础技能的同时，还需要多关注听障学生在构思等高阶写作技能上的发展，例如，写作目标的确立、作文主题的理解与提炼、材料的搜集和结构的组织等。

与此同时，相关研究还显示听障学生在写作学习过程中普遍存在兴趣低落、自信心不足、畏难情绪突出等体验，这些消极体验无疑会挫伤听障学生写作学习的积极性，进而影响学习成效。而学生作为写作的主体，其积极性和主动性是促进写作技能提升的重要因素。构思等高阶写作技能的培养尤其需要为学生提供积极的学习环境和充分的参与机会，以发挥他们的积极性和主动性，促进写作技能的建构与内化。

第 3 章　写作构思与构思策略教学研究概况

构思是写作者进行文本创作时的一个重要认知环节，在这个环节中，写作者可以运用各种策略来提高构思水平。但对于新手写作者或存在写作困难的学习者而言，这些策略通常不是自然习得的，而需要通过有针对性的教学来获取。因此本章对写作构思和构思策略教学的研究成果进行了梳理总结。前者有助于了解构思的认知机制及构思策略对写作表现的影响，从而为构思策略教学内容的设计提供参考。后者则有助于了解与构思策略相关的教学方法在不同学生群体（包括听障学生）中的应用情况，以便吸收已有教学方法的长处，为教学模式的构建和教学干预活动的设计提供思路。

3.1 写作构思研究

3.1.1 写作构思的认知过程与机制

构思（Planning）是写作过程的重要组成部分，指思考如何完成一项写作任务。构思主要是一种内在的认知活动，同时也可以借助外部的工具完成，并通过外在的形式表现出来。例如，写作者在构思过程中通过文字、图示等方式把大脑中思考的内容呈现出来，形成笔记或写作提纲等，就是构思的外在表现。这些外在形式可作为分析构思活动的重要依据。写作研究与教学领域对构思的密切关注，大约始于 20 世纪 70 年代认知心理学对写作认知过程的关注。20 世纪 70 年代之后，随着认知心理学的发展，西方写作研究逐渐从传统的“成果取向”转向认知范式主导下的“过程取向”，心理学家把写作视为一种复杂的心理认知过程，从而开始将研究的焦点从写作成品的质量转向写作活动的组织结构及写作主体的心理认知机制，并形成了影响广泛的写作模型，例如，Hayes 和 Flower（1980）、Bereiter 和 Scardamalia（1987）、Hayes（1996、2012）等。这些模型的共同点是把构思放置于写作过程的重要位置，其中对写作构思过程描述最为详细，影响也最深远的是 Hayes 和 Flower（1980）的写作认知过程模型。该模型认为，构思是写作认知过程的重要环节，其主要功能是从任务环境和长期记忆中获取信息，使用它来设定目标，并建立一个写作计划来指导文本的创作，使之能够达到预先设定的目标。从认知过程来看，构思包括生成（Generating）、组织（Organizing）和目标设定（Goal setting）三个子过程，分别对应写作信息的检索与获取、写作信息的归类与组织，以及对写作目的和程序等的考虑。此外 Hayes 和 Flower（1980）强调写作（包括构思）是一个非线性的认知过程，写作和构思过程中的各个认知操作实际上是交互、递归的。

Hayes 和 Nash（1996）进一步阐释了构思的认知方式。该文认为，构思可以通过抽象化、类比和建模三种途径来实现。抽象化是指通过提取关键要素或特征来简化写作任务。例如，当写作者围绕某一写作话题产生各种想法时，他们通常会把这些想法抽象地概括成若干主题，并对这些主题进行筛选和排序来拟定初步的写作大纲。类比是指借助知识储备中的写作图式来进行构思。当写作者面对熟悉的话题或体裁时，他们可能会回忆起以往的写作经验并制订与之类似的计划。例如，参考某种写作体裁的特定结构和表达方式等。建模则主要指写作者落笔之前先在脑海中构想具体的词语或句子等。

3.1.2 构思表现与写作水平的相关性

自 Hayes 和 Flower 对写作构思的开创性研究以来，大量实证研究表明，构思表现与写作水平之间具有密切的关系。这些研究主要聚焦于构思的时间、数量、质量和构思类型倾向等与写作质量之间的关系。

不同水平的写作者在构思的时间、数量和质量上表现出明显的差异。相关研究表明，无论是母语写作（Sommers，1980；Spivey & King，1987；Bereiter & Scardamalia，1987；Carey et al.，1989），还是二语写作（Raimes，19 85；Sasaki，2000），相比新手写作者，熟练的写作者在写作前阶段花费的时间和精力更多，构思更为充分、灵活。Spivey 和 King（1987）研究了六至十年级学生在撰写以学科论文为基础的综合性报告时，写作过程各变量与报告质量之间的关系。被试花在构思上的时间与构思的数量作为重要的变量被分析，结果表明，报告成文的质量与写作前的构思数量具有显著相关性。Carey 等（1989）的研究也支持这种相关性，他们对 12 位写作者的有声思维报告进行分析，发现构思的数量与成文的质量之间具有显著相关性，写作水平较低的写作者很少进行构思，优秀的写作者则在构思方面做得更多。Raimes（1985）使用有声思维的方法，对以英语为二语的学生的写作行为进行分析。参加研究的学生来自她的作文发展课程，二语写作水平相对较低。和母语写作领域的发现一致，Raimes 的研究表明，这些学生在进行二语写作之前，花在构思上的时间也相对较少。此外，Spivey 和 King（1987）对 60 名六至十年级学生的写作过程与成品进行研究，则发现他们的写作质量与构思的质量呈显著相关性。

构思类型倾向的差异也与写作技能的强弱密切相关（Selfe，1984；Bereiter & Scardamalia，1987；Hirose & Sasaki，1994；Sasaki，2000）。高水平的写作者花在整体构思方面的时间远远多于局部构思或在句子、词汇水平上的构思活动；而低水平的写作者不但对自己的写作能力缺乏自信，还把过多的注意力放在修辞方面，忽视了对总体结构的构思，影响了写作质量（Selfe，1984）。这一观点得到了实证研究的支持。Cumming（1989）使用有声思维的方法，分析了 23 位不同写作水平的二语学习者使用母语和二语写作的过程，发现水平较低的写作者使用了 Bereiter 和 Scardamalia（1987）中所说的“下一步是什么”的构思方法（即局部构思），而水平较高的写作者则通常会在写作前构思好整个作品（即整体构思）。Hirose 和 Sasaki（1994）研究了以日语为母语、英语为二语的写作者进行母语写作和二语写作的过程，结果也表明，虽然他们在写前阶段都关注内容的构思，但只有优秀的写作者才会把构思重点放在文章整体组织上。Victori（1999）和 Sasaki（2000）对不同水平二语写作者写作过程的分析，也都显示了熟练写作者和新手写作者在整体构思和局部构思上的差异。

上述研究表明，构思表现是写作水平的重要体现，构思表现的优劣在一定程度上能够反映写作水平的高低。

3.1.3 构思策略对写作表现的影响

鉴于构思表现与写作水平之间的相关性，研究者进而关注促进构思是否能够改善学习者的写作表现。相关研究发现，对学习者的构思过程进行干预，促使他们使用特定的构思策略，对改善写作方式和提高写作质量具有积极的影响。

Kellogg（1988）通过实验研究分析了准备提纲和撰写草稿这两种常见的构思策略对写作过程和文本质量的影响。他开展了两个相关的实验，在第一个实验中，实验组的 36 名大学生被要求在写作之前准备书面提纲，对照组的 36 名学生则不需要。与此同时，两个组都各有一半的学生被要求在撰写精细的草稿之前准备粗略的草稿，另一半的学生则不需要撰写粗略草稿。Kellogg 通过随机打断写作者并要求他们报告当时从事的写作活动（如构思、转译、评估或其他等）来探究其写作过程。该实验发现：准备提纲对写作过程影响很大，能够促使学习者在转译环节更好地产出内容，并且可以显著改善写作文本的质量；撰写草稿对写作过程的影响则很小，对文本质量也没有影响。第二个实验的目的在于进一步确定准备提纲的效果是否取决于书面构思。Kellogg 把 60 名大学生平均分成三组：第一组被要求撰写书面提纲；第二组被要求准备心理提纲；第三组为对照组。实验发现：无论是准备书面提纲还是准备心理提纲，对写作过程的影响非常相似，两者都使得转译阶段的产出更加丰富；此外，准备书面提纲和心理提纲两种条件下的作文质量都比不准备提纲的情况要好。戴健林、莫雷（2002）也进行了有关提纲对写作质量影响的实验研究，发现书面提纲和心理提纲这两种常见的提纲形式对不同长度文章的写作质量有同等的积极影响，此外“半书面提纲”形式对写作质量的影响要显著好于书面提纲。该文作者认为，提纲效应的发挥，主要在于它帮助写作者提高了构思阶段的认知加工水平。

Schriver（1988）则探讨了“设置详细目标”的构思策略对本科生写作方式的影响。该研究以 80 名本科生为实验对象，平均分成实验组和对照组，并要求两组学生阅读一份五页长的研究摘要，然后编写一个计划并根据该计划撰写一份一页长的讲义，以向新生建议如何使用计算机撰写论文。在写作前，对照组的学生被要求按照往常惯例进行构思，实验组的学生则被要求在以下类别中设定目标：听众、客户、自我、文本结构和语言。Schriver 将写作者的构思活动分为目标设定或内容生成。结果发现，实验组在目标设定方面的构思数量是对照组的 3 倍以上，而对照组在内容生成方面的构思数量则大约是实验组的 4 倍。总体而言，两个小组的构思总量大致相同。因此，Schriver 认为“设置详细目标”的策略虽然不会影响写作者的构思数量，却可能影响他们的构思方式。吴洪珺、刘翔平、杜英（2006）以 48 名写作困难的小学五年级学生为实验对象，研究目标设置对写作困难儿童议论文说服力的促进效应。该研究对比三个不同的目标设置组——总目标设置、分目标设置，辩论加分目标设置。结果发现：在议论文的说服力方面，分目标设置组优于其他两组；在议论文的构成成分方面，分目标设置组和辩论加分目标设置组优于总目标设置组。这说明，不同的目标设置方式也会影响写作文本的具体表现，总体而言，设定详细、具体的目标能够更好地促进写作。

另外也有研究发现，在构思过程中提供构思线索以减轻认知困难，能够促使学习者在写作中表现出更明显的反思性思维。Scardamalia 和 Bereiter（1985）以 18 名六年级学生为实验对象，20 名同年级的学生为对照组，要求他们在写作前进行构思，并在构思时进行有声思维（但不做书面笔记）。研究者通过卡片的形式向实验组学生提供构思线索，例如，“我的下一个观点是……”“更好的主意是……”等，对照组的学生则不会收到构思提示。实验结果显示，尽管两组学生的写作文本质量没有表现出差异，但实验组的学生比对照组的学生表现出更明显的反思性思维。

综上所述，构思策略的使用对写作表现具有积极影响。促进学习者在构思过程中使用有效的策略，有助于改善他们的写作方式，进而提高写作质量。正如 Flower 和 Hayes（1980）所阐明的，写作是一个复杂的认知过程，写作者需要处理大量同时存在的约束，而构思是减少写作者的“认知负担”而不忽略交互约束的最有效的方式之一，提高人们写作水平的方法之一就是改进他们写作时所经历的构思过程。

3.2 构思策略教学研究

3.2.1 面向健听学生的构思策略教学

构思是写作认知过程的关键环节，构思策略教学则是写作策略教学的重要组成部分。20 世纪 80 年代以来，写作认知过程研究受到了充分的重视，与之相应，写作教学研究也从关注结果逐渐转向对写作过程的关注，发展学习者在写作过程中的策略性行为成为教学干预的重要主题之一，从而推动了写作策略教学研究的发展。Graham 和 Perrin（2007）考察了以健听学生（包括学习障碍和非学习障碍学生）为主要对象的写作干预研究，对其中涉及的写作教学方法进行元分析，得出了包括写作策略教学在内的 11 种有效的方法，其中写作策略教学对写作质量影响的效应量最大，为 0.82[①]。这说明有效的写作策略教学能够显著提高学习者的写作质量。因此英国、美国、澳大利亚、加拿大等许多国家都把写作策略列为写作课程的重要内容（荣维东，2009）。

写作策略教学通常涉及构思、撰写、修改等写作认知过程中的一个或多个环节，其中构思环节的策略教学受到了最为广泛的关注。许多研究者通过专

① 效应量（Effect Size，ES）为统计学术语，指不同变量（在该文中即不同的写作教学方法）引起的实验效应的大小。效应量越大则说明效果越好，反之则越差。一般认为，ES ≥ 0.8 为强效应量，0.2 < ES < 0.8 为中等效应量，ES ≤ 0.2 则为弱效应量。

门的构思策略训练来发展写作学习者的构思技能，进而提高他们的写作水平。写作教学主要包括教学内容和教学方法两个方面的问题，构思策略教学也是如此。因此下面主要从教学内容和方法两个方面介绍相关的研究成果。

（1）构思策略教学的内容

在教学内容方面，研究者主要围绕构思认知过程来研发适用于特定写作情境的构思策略模型。

其中有些策略模型适用于一般的写作构思过程，较为典型的有伍新春（2001a、b）所设计的构思策略和 Harris 等（2006）的 POW 策略。伍新春（2001a、b）通过分析写作构思的认知活动过程，运用心理模拟法构建了“写作构思活动实践模式”。该模式把构思活动视为由“解析题目、定向联想、分层概括、结构组织、编拟提纲和全面检查”等策略行为有机组织起来的动作系统，并认为构思活动通过这些策略之间的相互联系与作用来发挥整体功能。这组策略即是对一般构思过程的提炼，能够指导学习者采取合理的认知顺序来完成写作构思任务。Harris 等（2006）的 POW 策略则突出三个构思步骤：先收集观点（Pick up my ideas），再组织笔记形成计划（Organize my notes），最后扩展计划内容（Write and say more）。上述两组策略都是对合理构思过程的抽象概括，适用于不同的写作类型。

另外一些策略模型则适用于特定的写作体裁，这些策略主要根据特定体裁的结构图式和写作要求来考虑构思步骤。例如，Taylor（1985）根据学生在说明文上的困难，提出了基于说明文结构图式的构思策略：首先，简单写下关于所比较事物异同点的想法；其次，根据异同点来组织想法；最后，为每个对比点写一段话，其中包括一个概括性的陈述和几个阐述主要观点的重要细节。De La Paz 和 Graham（1997a、b）设计了针对议论文写作的 STOP 策略，该策略根据议论文的思维过程制定了具体的构思步骤：暂缓判断（Suspend judgment）、决定立场（Take a side）、组织想法（Organize ideas）和边写边构思（Plan more as you write）。田澜、张大均（2011）则发展了故事文写作的系统构思策略模型，该模型包括 6 组策略，分别是“作文三步骤”“叙事生动三法则”“生成主题事件三步骤”“五段式组织框架”“系统构思五步骤”“故事文七要素”，用以支持故事文构思的各个方面。

（2）构思策略教学的方法

在教学方法方面，研究者通常使用特定的教学程序或教学模式来进行构思策略训练。其中应用较多的模式主要是“自主调控策略发展模式”（Self-regulated Strategy Development Model，SRSD）和“写作认知策略教学”（Cognitive Strategy in Struction in Writing，CSIW）。这两个模式都是经典的策略教学模式，可以用于教授各种写作策略，因此也常应用在构思策略教学中。

自主调控策略发展模式 SRSD 是 Harris（1982）和 Harris、Graham（1992）等为帮助学习障碍学生克服写作困难而开发的策略教学模式。该模式旨在：①帮助学习者发展写作知识和写作过程中涉及的策略；②支持学习者持续发展调控、管理自身写作过程的能力；③促进学习者对写作及成为写作者的积极态度。与此相应，该模式提倡明确、互动地指导学生学习跨体裁写作策略、相关的背景知识，以及对写作过程和策略进行自我调节的方法；同时也重视在教学过程中促进积极的写作动机、写作自我效能感以及对策略和努力的归因。在教学步骤上，自主调控策略发展模式通过“发展和激活背景知识—讨论—示范—记忆—支持性写作—独立写作”六个灵活、递归和高度互动的阶段开展教学，逐渐释放学生对写作的主体责任（Harris et al.，2003）。

相关实证研究表明，基于自主调控策略发展模式的构思策略教学在改善写作困难学生的写作问题，提升他们的写作质量方面具有明显效用。De La Paz 和 Graham（1997a、b）分别采用该模式对 42 名五、六年级的学习障碍学生和 3 名写作困难学生进行专门的构思训练，以考察构思策略教学对他们议论文写作技能的影响。前一个实验表明构思策略教学（尤其在与口述结合时）对学生的写作能力有积极作用，经过教学干预后，学生产生了更完整、质量更好的文章；后一个实验发现，经过教学干预后，学生的作文篇幅更长，提供了更多的论据，质量更好，并且其中 2 名学生改变了写作方法，不仅在写作前进行了构思，并且能够对构思好的写作计划进行反思和改进。在中文写作领域，田澜、张大均（2011）的构思策略教学也借鉴了自主调控策略发展模式。该研究以23名小学写作困难学生为实验对象，运用自主调控策略发展模式的教学程序对其进行构思策略训练。实验结果表明：在教学前，实验组与对照组学生在故事文的长度、6项分质量指标（情节吸引力、内容完整度、条理清晰度、语句通顺度、字词生动性及书写规范性）及总体质量上的得分差异均不显著；而在教学后，实验组学生所写的后测故事文在情节吸引力、条理清晰度和总体质量上的平均得分均显著优于对照组学生，并且其总体质量的改善效应量为0.80，可见构思策略的教学能显著改善小学写作困难学生的故事文写作质量。

写作认知策略教学（CSIW）也是面向学习障碍和写作困难学生而开发的策略教学模式，目的是通过教授各个写作子过程的认知与元认知策略，来帮助学生进行构思、组织、起草、修改和编辑等写作活动，从而发展写作能力。为此该模式设计了与各个写作环节相对应的策略，并通过思维提示表（think-sheet）来引导学生的写作过程，以促进策略知识的内化（Englert，1990；Englert et al.，1991）。在教学方法上，该模式凸显了以下方面：①强调对话式的教学，提倡教师通过"有声思维"[①]来展示写作过程和策略的使用方式，并给学生提供展示自己写作过程或者参与到对话中的机会，以便他们从教师和同伴那里得到帮助和反馈。②突出教学支架的作用，认为教师可以通过互动性的支架和助记符号 、思维提示表等程序化的辅助工具来支持学生的策略发展。③鼓励策略的推广和独立使用，教师需要让学生不断思考何时、为何以及如何使用这些策略，并在他们熟练掌握写作策略后逐渐撤去思维提示表等外在支持，转而鼓励学生独立使用策略。

虽然写作认知策略教学较少用于单独的构思教学，而更多用于整体写作过程的教学干预中。但由于该模式旨在发展包括构思在内的各个写作子过程的认知策略，并提出了明确的教学方法，因而对于本研究而言具有较好的参考价

① 即在写作的过程中，用口头表述的方式即时展示自己思考的内容，以反映写作的心理过程和策略使用情况。

值。为了验证写作认知策略教学的有效性，Englert 等（1991）采用对照实验探究了基于该模式的教学干预对学习者写作能力的影响。该研究的对象包括学习障碍、低学习成就和高学习成就三类学生，每一类分别设置实验组和对照组。教学干预前和干预后分别对元认知知识、写作表现和阅读表现三个方面进行测试，结果显示，无论是否为学习障碍学生，经过教学干预的实验组学生相比对照组学生，在写作元认知知识、写作质量和文本理解等方面都有明显进步。Hallenbeck（2002）、Knuuttila（2010）和 Viel-Ruma（2008）等也验证了该模式在提升学习障碍学生写作表现方面的积极作用。

除上述两个策略教学模式外，伍新春（2001a）的“写作构思活动实践模式”也设计了明确的教学程序。该模式以心智技能的形成规律为依据，按照模式定向、模式操作和模式内化三个阶段进行教学：定向阶段主要由教师概述、演示构思过程，师生共同讨论；操作阶段学生主要在教师指导下进行练习；内化阶段则由学生独立完成整个构思过程。伍新春（2001a、b）分别采用该模式对小学四年级和六年级学生进行写作构思教学实验，第一个实验结果显示：基于写作构思活动模式的教学干预有效地促进了六年级学生构思技能（确定中心、选择材料、确定详略、组织材料）的发展，而对其表达技能（语言表达和修辞运用）的影响不大；第二个实验虽然对象不同，但结果相似，再次验证了该模式在促进学习者构思技能发展方面的有效性。作者认为，按照写作构思活动的实践模式进行写作教学，能够促进学习者构思技能的发展，进而促进其写作整体水平的提高；但同时也指出，构思策略教学并不能解决写作教学中的一切问题，对学习者的表达技能有必要单独加以训练。

上述研究中的构思策略教学虽然主要是面向健听学生，但相关的教学成果具有系统性、可操作性，并且有充分的实证研究显示它们对写作学习者，特别是写作困难学生的积极影响。因此这些研究能够在内容和方法上为开展听障学生写作构思策略教学提供重要参考。

3.2.2 面向听障学生的构思策略教学

与健听教育领域相比，听障教育领域在写作策略教学方面的研究相对不足，面向听障学生的写作策略教学方法目前研究还很少，专门针对构思策略教学的研究更是尚未展开。目前听障学生构思策略教学的相关探索主要包含于整体性的写作教学模式研究中（Wolbers，2007；Wolbers et al.，2018；崔亚冲，2020、2022），对于如何进行系统的构思策略训练以及构思策略干预对听障学生写作学习的影响如何，目前还缺乏专门的讨论。但已有的听障学生写作教学模式可以为我们构建构思策略教学模式提供重要参考。

在国外听障教育领域，最具影响力的写作教学模式是 Wolbers（2007）研发的“策略与互动写作教学”（Strategic and Interactive Writing Instruction，SIWI）。该模式是一种非脚本化的写作教学框架，它包括三个主要的部分：策略性教学、互动性教学，以及语言和元语言知识教学。其中，策略性教学包括构思、组织、语言、修改和分享五个环节，通过教授专业作者的写作过程和技能来培养学习者的写作策略。在构思和组织环节中，该模式主要引导学生采取以下策略行为：首先考虑读者、写作目的；其次通过头脑风暴或者书籍、网络等来搜索有关的话题内容；最后对相关内容进行分类和排序。在策略学习过程中，该模式通过助记符号、思维提示表等程序辅助工具来支持学生进行练习，并强调学生和教师之间的教学互动与合作。Wolbers 等（2015）采用该模式对听障小学生进行记叙文、说明文和议论文写作教学干预。结果表明写作认知策略教学能够有效提高听障小学生在这三种写作体裁方面的成绩，其中教学效果最明显的是说明文和议论文。

在中国听障学生中文写作教学领域，崔亚冲（2020、2022）以写作认知理论和认知策略理论为依据，在借鉴写作认知策略教学模式的基础上，构建了一个针对中国小学阶段听障学生的写作教学模式——“过程与策略写作教学”（Procedural and Strategic Writing Instruction，PASWI）。该模式包括 3 阶段（写作前、写作中、写作后）和 6 环节（构思、组织、起草、转换、修改、定稿）

的写作过程，并设计了相应的写作策略和视觉支架。该研究者以 13 位五年级听障学生为实验对象，开展了为期一个学期的教学实验，发现在接受教学干预后，不同语言表达水平的听障学生在记叙文、说明文和议论文的结构层面及内容层面都有显著提高；并且对写作知识的掌握程度远高于教学干预前，对写作难度的感知大幅降低。

上述为听障学生而设计的写作教学模式对我们设计构思策略教学具有重要的借鉴意义。但从整体的研究情况来看，与健听学生写作教学领域对构思重要性的强调不同，听障学生写作教学领域并未突出构思在写作过程中的核心位置，有关构思教学的讨论较为简略，对写作构思策略专项训练的探讨尚未展开，专门的构思策略教学应该如何开展，是否有助于提升学习者的写作表现，这些问题仍待深入研究。

3.2.3 有效构思策略教学的重要特征

3.2.1 节和 3.2.2 节分别梳理了健听学生和听障学生写作教学领域中有关构思策略教学的研究成果。这些研究阐述了有关构思策略教学的内容和方法，并且其有效性都得到了实证研究的支持。因此这些研究在构思策略教学方面所普遍包含的要素和共同强调的教学重点，能够在一定程度上反映有效构思策略教学的重要特征。综观上述研究，尽管教学方法和教学重点各有不同，但在以下三方面表现出突出的一致性。

（1）关注写作构思的认知过程

构思是一个复杂的认知过程，涉及检索、筛选、组织写作信息，考虑写作目的，选择写作方法等策略性行为。成熟的写作者能够通过实施、监控和调整这些策略性行为来进行有效的构思（Haye & Flower，1980；Cumming，1989）。但写作新手，尤其是写作上存在困难的学习者，通常并不了解写作构思过程及相应的策略知识，因而在构思过程中很少表现出策略性行为。对于这些学习者来说，他们需要通过显性的教学来获得有关构思过程的策略性知识与技能，以优化写作时所经历的构思过程。

现有文献中的构思策略教学方式，大多把构思过程的认知机制作为设计策略内容和教学程序的重要依据。不同研究对构思过程的表征和策略的提炼各不相同，有的研究根据一般的构思过程来提炼策略（伍新春，2001a、b；Harris et al.，2006；崔亚冲，2022），有的研究把特定写作体裁的结构图式整合到构思过程中（Englert et al.，1991；De La Paz & Graham，1997a、b；田澜、张大均，2011），所提炼的策略内容也各有侧重。但无论如何，这些研究无不是聚焦于写作者在构思过程中所需要解决的若干主要问题，并针对这些问题分别提出相应的策略方法，以帮助学习者通过解决各个子问题来减轻构思的认知负担。

（2）重视教学支架的作用

根据社会建构主义的观点，教师在教学过程中提供的临时性帮助能够弥补目标技能与学习者现有能力之间的差距，从而支持他们通过完成相关的学习任务来发展新技能（Wood et al.，1976）。这种临时性支持即教学支架。教学支架被认为是有效策略教学的重要组成部分（Tharp & Gallimore，1988；Englert et al.，1991）。构思策略教学并不仅仅是向学习者介绍有关构思的策略性知识，更重要的是帮助他们内化这些策略性知识，以促进构思技能的发展和写作水平的提高。在知识的内化过程中，教学支架可以为学习者提供临时的外部支持，来减轻认知上的负担。

在相关的策略教学模式中，最常见的教学支架是程序化的辅助工具，如助记符号、思维提示表等。例如，写作认知策略教学使用助记符号“POWER”来表示写作的各个子过程[①]，并根据各个子过程的认知策略设计了不同的思维提示表，用于提示学习者考虑特定的写作步骤及相应策略。其中构思环节的思维提示表通过问题形式引导学生思考目标读者、写作目的、已知和未知的信息等。这些提示表提供了一个思考和行动的框架，帮助学习者在没有完全掌握策

① “POWER”为以下写作子过程的首字母的缩写：构思（Planning）、组织（Organizing）、撰写（Writing）、编辑（Editing）和修改（Revising）。

略之前有效地计划和实施写作，直到认知过程内化。和写作认知策略教学一样，自主调控策略发展模式、写作认知策略教学、过程与策略写作教学等模式也都针对构思环节的策略而设计了相应的思维提示表。

除了程序化的辅助工具以外，教师也可以通过特定的教学行为来提供教学支架。此时教师充当“认知教练”的角色，借助提问、对话、提示、演示等方式来指导学习者的行动，直到他们能够以预期的方式进行写作。例如，当学习者在激活背景知识方面遇到困难时，教师可以通过递进式的提问来帮助他们检索相关信息（Englert et al.，1991）。又如，当学习者了解策略内容后，教师可以通过有声思维等方式来演示如何使用策略，使学习者能够直观地观察成熟写作者使用策略的方式与过程（Englert et al.，1991；Harris et al.，2003；Wolbers，2007 等）。

（3）强调写作主导权的转移

学习的本质是学习者基于自身已有的经验，在与外部世界相互作用的过程中感觉、吸收并建构意义（杨维东、贾楠，2011）。构思策略教学的最终目的是促使学习者成为一个具有成熟构思技能的独立写作者，因此写作和策略使用的主导权最终需要从教师转移到学生身上。这意味着，教学本身需要鼓励并创造一个积极的环境，让学习者能够更好地参与到写作活动和策略学习活动中来。“影响学生写作表现的不仅仅是教学策略，营造一个师生共同思考、交流和建模的写作环境也同样十分重要，甚至会对教学效果产生决定性的影响。”（崔亚冲，2022）相关的教学模式通过各种方式来营造积极的教学环境，以促使学习者承担对写作的主体责任。例如，自主调控策略发展模式通过六个互动性的教学阶段帮助学习者从支持性写作逐渐转向独立写作，从而将写作主导权逐渐从教师移交给学生。而针对听障学生写作特点而设计的写作认知策略教学模式更是把互动教学作为自身的重要组成部分，提倡通过文本共建等方式为听障学生创设一个积极对话的写作学习环境，让每位学生都能够参与其中并作出一定的贡献。

以往有关构思策略教学的研究成果对上述三方面的重视反映了有效构思

策略教学的三个重要特征，这对我们设计面向听障学生的构思策略教学模式具有重要的参考性。在设计教学方法与教学内容时，一方面需要充分考虑这几个重要特征，另一方面也需要结合听障学生的写作特点和教学实践的需要，找到一个合理的框架对这些要素进行有效整合。

3.3 本章小结

本章从写作构思研究和构思策略教学研究两个方面对国内外相关文献进行梳理与总结，从中主要得出以下认识。

首先，从写作构思研究来看，构思是写作过程的关键环节，促进学习者在构思过程中的策略使用有助于改善其写作行为和写作结果。写作认知领域的研究证明了构思在写作过程中的重要地位。尽管 Hayes 和 Flower（1980）把写作过程划分成了构思、转译和修订三个阶段，但他们并不认为三者具有同等的地位或作用，构思环节被认为是最关键、最主要的（范琳、朱立霞，2004）。相关实证研究也进一步表明，构思表现与写作水平之间具有密切的关系，并且对学习者的构思过程进行干预，促使他们使用特定的构思策略，对改善写作方式和提高写作质量都具有积极的影响。这启发我们，写作教学需要充分重视构思，特别是构思策略的训练。

其次，从构思策略教学研究来看，目前听障学生写作教学领域尚未充分关注构思的重要性，对构思策略教学的研究十分有限，相关教学方法的研发与教学实践的探索有待展开。相关文献显示，面向健听学生的写作教学突出了构思在写作过程中的重要性，对构思策略教学的研究也较为充分；而听障学生写作教学领域对写作构思策略专项训练的探讨几乎尚未展开。Wolbers 和崔亚冲等学者在听障学生写作教学尤其是策略教学方面做了重要的探索，所研发的教学模式对于相关策略教学研究的深入开展具有重要借鉴作用。但这些模式主要着眼于整体的写作过程，对写作的各个子过程，尤其是构思过程中具体策略的研发及其作用的探索并未深入。而正如第 2 章所指出的，听障学生在写作文本和写作认知上表现出来的普遍困难在很大程度上与构思技能不足有关。因此，为了改善听障学生的写作表现，尤其是构思表现，有必要研发适用于他们的构思策略教学模式。这种教学模式一方面要结合听障学生特点，另一方面也需要吸收有效构思策略教学的普遍特征。此而言，已有的构思策略教学研究成果在以下三个方面对本研究具有重要借鉴意义：一是普遍关注构思的认知过程，并明确教授有关构思的策略性知识；二是重视教学支架在策略教学中的作用，并设计多种程序化的辅助工具；三是强调写作主导权从教师向学生转移，提倡通过营造积极、互动的教学环境来促使学习者承担对写作的主体责任。

第 4 章　听障学生写作构思策略教学模式：支架式构思策略教学

支架式构思策略教学是本研究针对听障学生而构建的教学模式，旨在帮助听障学生克服写作构思过程的困难，通过提升构思技能来改善写作质量。该模式在结合听障学生认知与写作特点的基础上，以写作认知过程理论和支架理论为指导，设计了以构思过程的认知策略为教学内容、分布式支架为教学方法的基本框架。本章对支架式构思策略教学的理论基础和基本框架进行详细阐述，并通过教学设计示例展示该模式如何在听障学生写作课堂中进行应用。

4.1 支架式构思策略教学模式的理论基础

构思策略教学模式的构建需要解决“教什么”和“怎么教”两个基本问题，对此写作认知过程理论和支架理论为我们提供了重要的启发与参考。

在“教什么”的问题上，由于构思策略是写作者在写作构思过程中采取的步骤与方法，因此与写作过程尤其是构思环节的认知机制密切相关。有效的构思策略离不开对构思心理认知机制的理解与把握。只有了解构思的认知过程及其特点，才能明确写作者在构思环节所需要解决的关键问题，并发展相应的策略。在这方面，写作认知过程理论中有关构思认知机制的研究成果提供了重要的理论依据。

在“怎么教”的问题上，构思策略的学习与运用涉及一系列复杂的认知操作，而听障群体由于听觉通道受限，导致与高级认知活动密切相关的言语工作记忆能力显著弱于健听群体（张茂林、王辉，2005），这进而限制了他们完成复杂认知操作的能力，因此构思对听障学生来说是一项特别具有挑战性的任务。而根据支架理论的观点，教学支架的搭建可以对复杂任务进行分解，从而降低学习过程中认知操作的复杂性和难度；也可以帮助学生在先验知识和新知识之间建立联结，并在借助外部支持完成学习任务的过程中，逐渐实现新知识的内在建构。这启发我们在教学模式中架设系统的教学支架，来降低听障学生在学习与写作过程中的认知负担，帮助他们更好地掌握、运用构思策略。

4.1.1 写作认知过程理论

在写作认知过程理论发展成熟之前，构思很少受到写作研究者们的直接关注。随着 20 世纪 70 年代以来认知心理学对写作认知过程的深入探究，构思的心理认知机制才得到详细的阐述。在相关研究成果中，Hayes 和 Flower（1980）的写作认知过程理论模型对构思过程的分析最具影响力。

4.1.1.1 构思过程的认知机制

以 Hayes 和 Flower（1980）为代表的写作认知过程理论将写作看作通过一系列复杂认知策略来解决问题的过程。该写作模型包括三个部分（见图 3）：一是任务环境，主要包括写作任务和目前已完成的文本等影响写作认知的外部因素；二是作者的长时记忆，包括主题知识、读者知识和存储的写作计划；三是写作认知加工过程，具体由构思、转译（Translation）和修订三个子过程构成。在上述三个组成部分中，任务环境和长时记忆是写作认知加工的环境与资源，当作者面对一个写作任务时，他需要把任务相关的信息（如主题、读者、动机线索等）与长时记忆中的知识储备进行关联，进而进行构思（即考虑写什么、怎么写）、转译（即把构思内容写成文字）和修订（即审阅、修改已写出的文本）等认知加工活动。

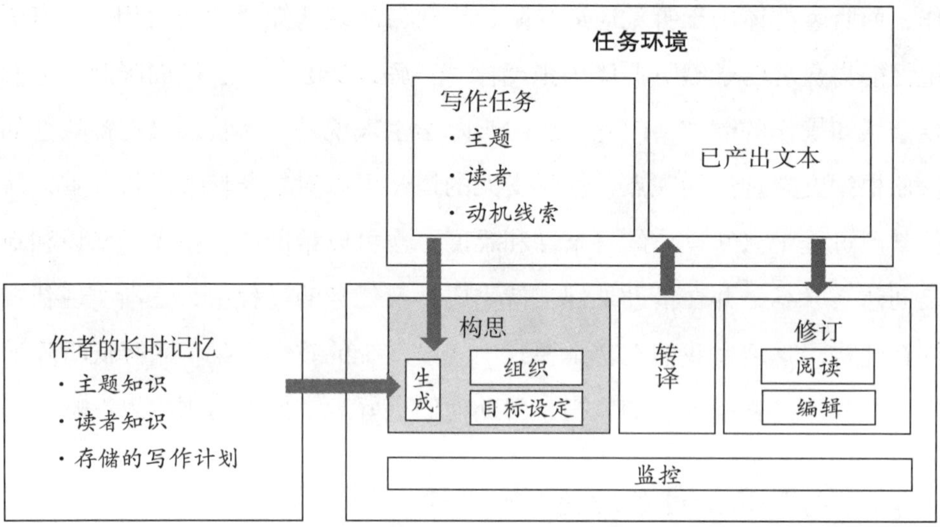

图 3　Hayes 和 Flower（1980）的写作认知过程理论模型

整体而言，写作认知是一个非线性的循环过程，但根据认知加工的不同重点，写作的各个子过程可以相对独立地识别出来。Hayes 和 Flower 的模型对包括构思在内的各个子过程都做了详细的阐述。其中构思的功能是从任务环境和长时记忆中获取信息，使用它来设定目标，并建立一个写作计划，以指导文本的创作，使之达到这些目标。构思过程主要包括生成（Generating）、组织（Organizing）和目标设定（Goal setting）三种认知活动。这三种构思活动涉及写作内容的探索、组织与写作方向的确定等认知任务，经验丰富的作者通常能够更好地管理构思过程，通过一系列的认知操作与策略来完成这些任务。

（1）生成

生成是指从长期记忆中检索与写作任务相关的信息。根据 Hayes 和 Flower 的描述，熟练的写作者首先分析任务环境中的主题信息和读者信息，从中获取第一个记忆探针（Memory probe），通过这个探针从长时记忆中检索到相关内容并把它作为第二个记忆探针，从而形成关联链（Associative chains）。当检索到的内容与写作任务无关时，关联链就会中断，需要选取新的记忆探针来重启信息检索链条。通过这种方式，写作者可以把注意力集中在与写作任务相关的信息上。换言之，生成是一个不断探索、发展写作任务相关内容的认知过程。在生成过程中，写作者可能会进行一些记录，例如，用词语、短语或句子记下检索到的信息，这些记录可以用来识别写作者生成想法的过程。

听障学生在写作中常常感到“无话可写”，实质上正是生成环节存在困难。究其原因，除了他们的生活经验和知识储备相对有限以外，主要是不懂得如何根据写作需要从长时记忆中探索有用的信息，从而有效地发展写作内容。

（2）组织

组织是指从生成过程检索到的信息中挑选出最有用的材料，并把它们整理到写作计划中。熟练的写作者首先会提取对写作主题有用的信息，然后进行组合、排序、归类等一系列操作，将大量的信息整合起来。由此可见，组织过程的主要任务是信息的评估、筛选与整合，并在很大程度上决定了文章的基本框架。此外，和生成过程一样，写作者也可能在组织过程中进行一些记录，这种记录往往有更清晰的组织形式，例如，编号或者按字母顺序排列等。组织环节对抽象概括能力具有较高的要求，这对倾向于具象思维的听障学生来说尤其具有难度。

（3）目标设定

生成过程检索的不总是与写作内容相关的信息，也可能是判断写作文本的标准，如“最好保持简单”“我需要在这里过渡”等，Hayes 和 Flower 把这类信息的存储过程称为“目标设定”。目标设定实质上是一种自我调控策略，是写作者根据写作需要做出的综合考虑。不同学者对目标类型的划分精细度有所不同（Schunk & Schwarz，1993；Witte & Cherry，1994；Hayes & Nash，1996），但大体可以分为产品目标和过程目标两类。前者指的是关于作品长度、内容、结构、效果等的计划，关注点是“写作成稿是什么样子的”；后者指的是关于写作过程中各个步骤或策略的计划，关注点是“写作过程中该如何做”。目标设定既关系到写作成稿的形式与质量，也会影响写作的其他过程，包括构思阶段的其他子过程。因此，在写作教学研究中，目标设定常常作为一种重要的构思策略被教授。相关实证研究表明，在正式动笔前预先设定好写作目标，能够帮助写作者增加写作长度、提高写作质量（Hopman & Glynn，1989，Voth & Graman，1993）。

4.1.1.2 构思过程的特点

根据 Hayes 和 Flower（1980）的观点，写作并非由多个线性的阶段构成，而是一个可以循环的过程。和写作的整体过程一样，构思过程也并非线性，而是可以循环往复的。例如，写作者在组织想法时可以根据需要进一步生成想法，在生成和组织想法的过程中也可以对预先设定的目标进行调整或补充。因此，写作构思教学的目的并不是让学生严格按照特定的步骤来展开构思，而是要让学生了解每个构思子过程的主要任务和应对的策略，并学会如何根据写作的实际需要来管理构思过程，以提高构思水平和写作质量。

此外，写作构思活动通常会形成一定的写作计划，这些计划可能以笔记、提纲、草稿等外化的方式呈现，也可能只是内隐在写作者的思维网络中。无论是哪种情况，写作者在构思阶段形成的写作计划都不一定会完全落实到成稿中，它只是提供了一种行动建议，可能被接受，也可能被拒绝或修正（Hayes & Nash，1996）。实际上，在撰写和修改文章的过程中，写作者常常会对最初的写作计划进行或大或小的调整。但即便如此，充分的构思仍然是提升写作质量的关键，因为它为写作者提供了灵活的思考空间，并为“写什么”和“如何写”提供了一个基本的方向和初步的方案。

4.1.1.3 写作认知过程理论对本教学模式构建的启发

写作认知过程理论揭示了构思过程的认知加工机制，阐述了熟练的写作者如何通过分析写作任务、从长时记忆中检索和筛选有用信息，以及归纳和整理信息等一系列的认知加工策略来发展和组织写作内容。

该理论对本研究的启示在于：

首先，构思是写作的关键环节，在很大程度上决定了写作的内容与组织结构，因此经验丰富的写作者通常更重视写作构思，并且能够熟练地运用各种构思认知策略，新手则不然。这意味着，对新手写作者进行构思策略教学，有助于使他们像熟练写作者一样进行思考。根据已有文献和本研究，听障学生整体的写作技能相对落后，在构思方面普遍缺乏明确的构思意识。他们在写前很少进行构思，想到什么便写什么（崔亚冲，2022），也缺乏构思策略或者策略单一，不知道如何进行有效构思，例如，常常感到思绪混乱，不知道如何着手收集和整理写作信息、过于关注字词句的形式而忽视对写作内容的思考等。因此，在针对听障学生的写作构思教学中，可以借鉴熟练写作者的写作构思模式，明确地教授构思知识与认知策略，以帮助他们处理写作构思环节中的各项任务。

其次，根据认知加工的特点，构思可以被识别为生成、组织和目标设定三个相互联系又相对独立的子过程，每个子过程具有不同的认知加工重点。因此，在展开听障学生构思策略教学时，可以以构思总过程为主线，分别突出并整合每个子过程的主要认知策略。这样一方面可以把复杂的构思任务分解为若干相对简单的子任务，以减轻学生的认知负担；另一方面也有利于突出构思过程的关键问题，帮助学生把握构思的方向与重点。

4.1.2 支架理论

支架理论（Scaffolding Theory）兴起于 20 世纪中后期，是在建构主义背景下发展起来的一种教学理念与方法。该理论将辅助学习者进行学习的过程比喻为搭建支架，并基于“支架”的隐喻阐述了教师或同伴如何通过教学工具和教学互动来帮助学习者完成知识技能的内在建构。近几十年来，该理论广泛应用于包括写作教学在内的各种教学情境中，深具影响力。

4.1.2.1 支架的定义

支架（Scaffolding）是支架理论的核心概念。该词原指建筑行业中为保证施工过程顺利进行而搭设的工作平台，Wood 等（1976）形象地借用这个概念来比喻一对一教学情境中教师或父母为学习者提供的即时帮助。学习者通过这些帮助，能够在原本无法独立胜任的情况下，解决某个问题、完成某项任务或者实现某个目标。在 Wood 等人的描述中，支架主要指更有能力者（通常是教师或父母）所提供的帮助，但随着支架理论在更多元的教学情境（尤其是课堂情境）下应用，支架的内涵日益丰富，不仅从教师对学习者的支持扩展到同伴之间的互动，同时也涵盖了教学材料、工具和技术手段等对学习的支持（Pea，2004；Puntambekar，2021）。因此，在当代教育语境下，支架可以被定义为“由教师、父母、同伴、计算机或纸质工具提供的支持，这些支持可以使学生有意义地参与他们不可能完全独立完成的任务，并获得相应的技能”（Spector et al.，2015）。

需要指出的是，支架并不等同于广义的教学辅助手段或工具。支架区别于其他工具的一个重要特征是撤除机制（Pea，2004），即“一旦学习者掌握了目标技能，专家便减少（或淡出）参与，只提供有限的提示、改进和反馈，以便学习者循序渐进地练习并顺利使用该技能”（Collins et al.，1989）。换言之，支架是为辅助学习者发展自身能力而设置的临时框架（Bruner，1976），其作用是帮助学习者学习目标技能。在学习者掌握目标技能之后，支架便可以撤除。

4.1.2.2 支架的理论根源

尽管 Wood 等（1976）提出支架概念时，并没有明确把它和 Vygotsky 的最近发展区理论（Zone of Proximal Development，ZPD）关联起来，但学界普遍认为后者是前者的重要理论根源之一。最近发展区是指学习者的实际发展水平（即独立解决问题的能力）与潜在发展水平（即在成人或更有能力同伴的帮助下解决问题的能力）之间的距离（Vygotsky，1978）。由此可见，成人或更有能力者提供的帮助是支持学习者从实际能力到潜在能力的重要条件，这与支架的核心内涵是一致的。实际上，支架通常在学习者的最近发展区内发挥作用，在提供支架时，教师需要评估学习者的现有能力，并根据其学习需要和能力发展情况来调整支架。

支架的另一个理论根源是 Vygotsky 的社会建构理论（何克抗，2017）。根据社会建构主义的观点，学习的本质并非被动地接受外部知识，而是学习者基于自身已有的经验，在与外部世界相互作用的过程中感觉、吸收并建构意义（杨维东、贾楠，2011）。正如 Vygotsky（1978）所认为的，学习的发展规律是从个体间到个体内，即首先发生在人与人之间的互动，然后内化到学习者的内在层面。与此相应，支架理论把教学视为学习者在教师等外界力量帮助下自主建构知识技能的过程。这种教学理念在强调学生的主体性地位的同时，也突出了“教”对“学”的引导与支持作用。当学习者尝试解决某个问题或学习某项新技能时，常常会遇到凭借自身力量所无法胜任的情况，此时便需要为之提供适当的支架，以帮助学习者明确关键问题、选择策略或寻找可参考方案等，从而使之在解决具体问题或完成具体任务的过程中，不断发展认知水平，最终完成知识技能的内在建构。

4.1.2.3 支架的类型

学界对支架类型的探讨十分丰富，但尚未形成统一的意见。根据表现形式的不同，支架可以分为视觉支架、语言支架、互动支架和动觉支架（Gottlieb，2016）。根据功能的不同，支架又可以分为概念支架、元认知支架、程序支架和策略支架（Hill，2001）。概念支架用于帮助学习者理解相关概念和原理，以明确问题的关键；元认知支架用于促进对学习过程的反思或评估；程序支架用于提供明确的路径，为学习者提供资源获取途径或行动指南等；策略支架则提供有关学习任务的具体方法。

此外，Puntambekar（2021）基于课堂教学环境的复杂性，根据是否强调人际互动把将支架分为工具支架（tools）和社会支架（social scaffolds）。这种分类角度对本研究具有较大的的启发意义，其具体描述如下：

工具支架指教学资料、教具、课程和计算机程序等技术维度的支持，它们在特定教学情境中可以实现多种功能，例如，取得目标方面的共识、提供提示、支持协作与表达等。需要注意的是，并非教学中使用到的所有工具都可以称为支架，作为支架的工具同样必须具有 Pea（2004）所说的“撤除机制”，当学习者掌握目标技能后，即使撤除工具支架，他们仍应能够执行相关的学习任务。例如，在写作教学中，学习者利用笔和提示卡来练习写作。其中提示卡作为支架，可以用于提示写作步骤等，从而帮助学习者减轻认知负担；当学习者熟悉写作步骤后，即使撤去提示卡，他们也能够独立进行写作。而笔则不同，即使学习者掌握了写作技能，他们也不能在脱离笔或相应替代工具（如键盘）的情况下进行写作。

社会支架指通过师生互动或同伴互动提供的支持，这类支架通常以对话交流的形式出现。其中教师提供的支持通常具有较强的适应性，能够即时评估学生的当前水平并响应学生不断变化的需求；同伴间的互动则往往可以鼓励探索、培养动机或者促进思考。

上述分类揭示了不同类型支架的作用和特点，也显示了教学支架的丰富性。在课堂教学中，各种类型的支架可以组成“分布式的支架体系”（Puntambekar，2021），共同促进学生的学习。

4.1.2.4 支架的作用机制

支架是学习过程的有力支持，一般认为它可以在以下几个方面对学习起到积极的促进作用（Wood et al.，1976；Spector et al.，2015）。

（1）激发学生的兴趣。兴趣和动机是促进技能学习和提升的重要因素，合适的支架能够激发学习者对学习任务的兴趣，使之在教学过程中保持较高的动机水平。

（2）控制挫折感。支架可以在某种程度上控制学习任务中那些超出学习者能力范围的元素，或者把复杂的任务拆解为多个相对简单的组成部分，因而有利于降低学习任务的难度和学习者可能遭遇的挫折感。此外，当学习者遇到困难的时候，支架能够及时提供支持和鼓励，以增强学习者的信心。

（3）提供反馈。支架的另一个用途是提供及时的反馈信息，以帮助学习者了解自己当前的任务表现是否恰当，是否需要进行调整或改进。

（4）指明需要考虑的重要任务或问题因素。尽管学习是一个探索的过程，但对于新手来说，正确的方向无疑是重要的。支架可以用于提示学习任务的某些重要特征，或指明当前需要重点考虑的问题，从而帮助学习者理解任务的关键点。

（5）模仿专家解决问题的过程。模仿是学习的一种重要方式。支架可以通过演示的方式来展示专家解决问题的过程，从而为作为新手的学习者提供可参考的方法或可模仿的范例。

（6）提出问题。支架还可以通过提问的方式促使学习者思考并阐明答案，以引导他们完成任务。

4.1.2.5 支架理论对本教学模式构建的启示

总而言之，支架理论强调了教学的互动性，以及教学环境各要素对学习者的支持作用，并对教学支架的性质和作用做了清晰的阐释。这对本研究的启示在于：

首先，面向听障学生的构思策略教学应该重视教学环境对学生写作知识与写作技能建构的支持作用，通过为学生搭建合适的写作支架来帮助其掌握教学内容，并逐步发展与教学目标相关的技能。

其次，支架的类型应当是多样化的，以适应学生在不同阶段和不同层面上的需求。Puntambekar（2021）等从工具和社会两个维度对支架类型进行归纳，这对我们搭建构思策略教学的支架体系具有重要启发。在工具维度上，可以根据教学内容和教学目标搭建预设性的支架，以减轻学生在写作过程中的认知负担，并增强学习的方向性；在社会维度上，可以根据具体的教学情境为良好的师生关系和同伴关系架设桥梁，以促进师生之间和同伴之间的互动，从而为学生提供具有人际互动特征的支持，以满足其即时性和多样化的需求。

最后，考虑听障学生的视觉思维特点，教学支架尤其是工具支架的设计还应充分重视视觉化呈现。

4.2 支架式构思策略教学模式的基本框架

本研究基于写作认知过程理论对构思过程及其认知机制的阐述以及支架理论的观点，结合听障学生写作学习的困难与需求，构建了旨在帮助听障学生提升写作构思技能的支架式构思策略教学模式。

支架式构思策略教学模式（见图 4）由教学内容和教学方法两部分组成，分别对应“教什么”和“怎么教”两个教学基本问题。在教学内容上，该模式主要围绕写作构思过程及相应的认知策略展开；在教学方法上，则设计了工具支架和社会支架两组教学支架，来帮助听障学生更好地进入写作情境并克服学习过程中的困难，逐步构建、内化有关写作构思的知识和策略。

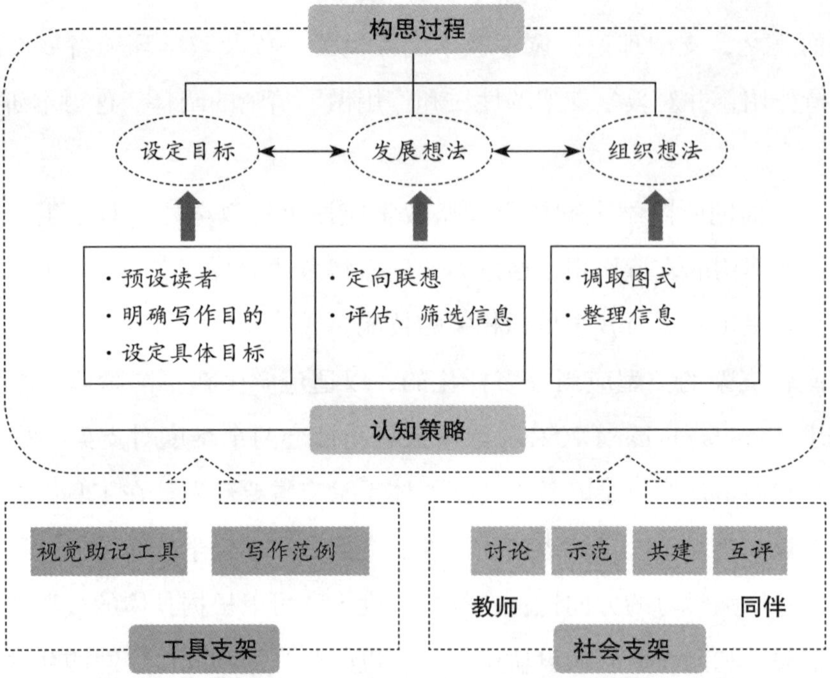

图 4　支架式写作构思策略教学模式

4.2.1“教什么”：基于写作构思过程的认知策略

4.2.1.1 构思的基本环节

在支架式构思策略教学模式中，构思活动包括三个基本环节——设定目标、发展想法和组织想法。这三个基本环节与 Hayes 和 Flower（1980）描述的三个构思子过程大致对应。但我们把设定目标放在首要的位置，原因是它决定了构思的方向，为写作内容的发展和组织设立了参考标准。下面我们从教学的角度，对这三个环节进行简要说明。

（1）设定目标

设定目标是指关于写作的目的、途径和所要达成的成效等方面的考虑。文章的创作不可避免地会受到各种要求的限制，有些是语用修辞上的（如写作目的、风格和受众等），有些是内容上的（如写什么、写多少等），还有些是操作程序上的（如用什么工具、什么方式写等）。写作者在构思的阶段，通常需要综合考虑这些要求，并确定希望达到或者可能达到的目标。这些考虑在很大程度上决定了构思的整体方向，因此在实际教学中，我们把设定目标视为首要的构思环节，鼓励学生在构思的初始阶段充分考虑写作目标，并在这些目标的指导下展开进一步的构思和写作。

（2）发展想法

写作的主要目的是与他人交流思想与体验。为了实现这一目的，无论是哪一种写作类型，写作者都需要充分发展自己的想法。例如，在创作说明性或说服性文章时，写作者需要详细说明案例并阐明独特的见解；在创作叙述性文章时，写作者需要充分、准确地描述细节，以传达自身的体验（NEAP，2017）。这些案例与细节、见解与体验等的搜集、形成过程，我们称之为“发展想法”。

在发展想法的过程中，写作者通常会在大脑中交替进行信息的检索与评估：通过检索信息的认知活动，写作者可以形成各种各样的想法，此时他需要进一步判断这些想法是否与写作话题相关、是否符合写作目的等；如果确认这个想法有用，则可以在其基础上继续搜索更多的相关信息，以形成更丰富的想法。由此可见，想法的发展是一个不断探索与整合信息的过程。在确定写作目标之后，写作者的首要任务是从自身的知识储备和生活经验中搜集合适且足够丰富的想法。但一开始从大脑中搜集到的信息通常并非整齐有序、自然契合写作目标的，相反，它们通常粗糙、杂乱，需要写作者反复斟酌、筛选；文章的观点、主题与支撑材料也并非一开始就十分明确，而是需要写作者通过不断地整合信息来确定。因此，在写作构思教学中，需要引导学生重视想法的发展，在动笔之前搜集尽可能丰富的信息，并根据设定的目标对这些信息进行评估、筛选，将一开始零散的、片段式的想法逐渐发展为明确、完整的想法。

（3）组织想法

组织想法是指按照一定的逻辑框架将相关的想法组合或串联起来，以清晰、连贯的方式表达文章的思想与内容。良好的组织思路可以使写作条理明晰，使写作内容形成统一有序的整体，从而有效地表达作者的想法，让读者的理解更加顺畅。

和其他两个环节一样，组织想法也是一个复杂的认知过程。根据 Hayes 和 Flower（1980）的描述，在对想法进行组织时，写作者通常先提取有用的话题，然后按照一定的逻辑对话题进行排序，并确定各个话题之间的关系，再进一步对各个话题相关的内容进行归类、整合，最后形成结构化的写作计划。该计划的框架是灵活多样的，既可以按照写作的时间顺序来组织（如先写什么，再写什么）；也可以按照内容的层次来组织（如全文包含哪些话题或观点，每个话题或观点下面各包含哪些内容）；当然，也可以把两者结合起来。由此可见，在动笔之前组织想法，能够形成基本的写作框架，为文章撰写提供相对明确的路径，从而减少撰写过程中整合信息的认知压力。在写作构思教学中，想法的组织既是重点，也是难点。一方面需要引导学生理解组织想法的认知过程及其重要性，使之关注文章的组织思路和整体框架；另一方面也需要结合特定的体裁知识，为学生提供文章组织的常用方法，以帮助他们更好地驾驭这一过程。

4.2.1.2 构思环节的认知策略

（1）设定目标环节的策略

优秀的写作者通常会预先考虑写作的具体目标，并围绕目标来管理写作过程（Voth & Graham，1999）。而听障学生在写作时却常常只是简单写下所能想到的与主题相关的信息，想到什么便写什么。他们并未把写作看作面向真实读者的交流活动，未能根据交流需要来考虑把什么内容、以什么方式呈现给读者。在设定目标的环节，引导听障学生考虑特定的读者、写作目的和具体目标，可以让他们形成对写作成稿的初步期待，从而提高写作动力，并明确写作过程中所要重点考虑的方面。从交流的角度来看待写作，在设计目标环节可以运用以下三个基本的认知策略：

① 预设读者（写给谁？）。即引导听障学生为写作设定特定的读者（包括真实的或虚拟的），并在确定写作主题、选择写作素材时考虑读者的需求，比如读者可能对什么样的主题感兴趣，哪些内容是读者想要了解的或者能够引起读者兴趣的等。

② 明确写作目的（为何写？）。写作目的在很大程度上决定了内容的发展方向和文本组织的形式。NEAP（2017）把写作划分为三种类型：以说服为目的的写作、以说明信息为目的的写作和以分享体验为目的的写作。在提供写作任务的同时，教师需要教会学生根据不同的写作类型来确定写作目的。例如：在议论文等以说服为目的的写作中，首先需要考虑想要通过作品说服读者做什么；在叙事文、故事等以分享体验为主要目的的写作中，学生则需要考虑作品想要分享给读者的核心体验是什么。这个写作目的应当贯穿构思乃至写作的整个过程，文本的整个发展过程实际上都是为实现写作目的服务的。

③ 设定具体目标（写什么？）。对于写作基础较弱的听障学生而言，如果只明确整体的写作目的，他们并不一定知道如何实现这个目的。这个时候，把整体目标分化为若干个具体目标，能够使得写作目标的实现途径更具有可操作性。另外，听障学生的内部差异较大，目标的分化也有利于不同的学生根据自身的情况来选择可能实现的目标。在操作层面上，基于写作整体目的的具体目标往往与特定文本类型的特点密切关联，因此可以结合文本类型的内容要素、结构特征或者语言特征等来考虑具体目标。例如，说服性文体可以把“提出明确的论点”“提供充分的论据”“呈现论点和论据的逻辑关联”“采用总分式的结构”“使用举例子和正反对比的方法”等作为具体目标，也可以设定诸如“使用简洁的句子”“使用排比句”之类的目标；又如，叙事性的文体可以结合内容发展的需要设定“交代事件的背景（时间、地点、人物）”“写清楚事件发展的过程（起因、经过、结果）”“分享主人公的感受体会”等目标，也可以重点考虑表达的效果，如“使用描写性的语言”“从不同角度刻画

细节”等。

上述认知策略可以简单归纳为“写给谁？为何写？写什么？”，对这三个问题的考虑，实际上从构思层面上把写作概念化为具有明确对象、目的和内容的交际活动，使写作变得更加具体可感，从而有利于提升听障学生的写作动机，并帮助他们把握写作方向，减少写作过程的认知负担。在构思过程中，学生可以通过自我提问的方式来使用该策略。在支架式构思策略教学模式中，学生回答这三个问题所需要的写作和体裁知识也会通过教学支架逐渐建构起来。

（2）发展想法环节的策略

发展想法是构思的关键环节，在很大程度上决定了写作的内容。发展想法的核心任务是从长时记忆中提取相关信息并进行筛选和扩展。听障学生在构思时常常感到“无从入手”，实际上是在提取、收集信息方面遇到了困难；“想到什么写什么”，则是缺乏评估和筛选信息的意识。教学中，教师首先可以引导学生展开定向联想，即根据一定的方向（如写作话题的关键词、写作目标等）来收集相关信息。此时不用急于有逻辑地发展观点和内容，等通过定向联想收集一定数量信息后，再引导学生暂时停下来对信息进行评估、筛选，考虑其是否符合写作要求和所设定的目标、是否可以进一步发展。在筛选出可发展的信息后，进而展开联想，进一步收集信息，如此循环往复，直至收集到充足的信息。在教学中，为了方便学生理解与记忆，我们将上述认知策略表述为“多想想、选一选”。

在发展想法的环节，教师也可以结合特定体裁的特点，为学生提供拓展思维的方法。例如，本研究前期曾与特殊教育学校的一线教师就听障学生的写作学习情况进行交流，据教师反馈，学生在叙述事件时，描写通常较为单薄，缺乏对细节的刻画。因此在叙事文教学中，为帮助学生发展细节内容，我们在发展想法的环节，进一步引入了细节刻画的方法，并设计了视觉支架“细节放大镜”，引导学生调动不同的感官来观察和感受世界，抓取具有令人印象深刻的细节。

（3）组织想法环节的策略

组织想法是指按照一定的逻辑对收集好的写作信息进行归纳、排列。不同的写作类型通常具有不同的功能要素和结构特征，从而形成各式各样的结构图式。构思可以通过从复杂事物中抽象出基本特征来发挥作用（Hayes & Nash，1996），结构图式正是反映了特定写作类型的基本结构特征。根据特定的图式来对信息进归纳与组织，能够帮助听障学生较快地理清写作思路。在教学中，教师可以提供特定的写作图式，并帮助学生根据写作任务的具体需求选取合适的图式，根据特定的图式来组织信息。例如，在叙事文构思教学中，我们采用叙事七要素（田澜、张大均，2011）的基本图式（为方便记忆，本研究将之命名为“叙事七巧板”），来帮助学生整理事件相关的基本信息，以便梳理出清晰的情节脉络。在教学中，我们将组织想法的认知策略简单表述为“整理好”，以方便学生理解和记忆。

如上所述，我们把构思分解为设定目标、发展想法和组织想法三个基本环。但这三个环节并非是严格的线性关系，而是循环往复的。教学的目的并非让学生严格按照这三个环节来展开安排构思的步骤，重点是让他们理解每个构思环节的主要任务和相应的策略，并根据实际写作的需要灵活地运用这些策略。

此外，上述认知策略主要针对一般构思过程中的认知任务，因而具有通用性，可以用于记叙文、说明文、议论文等不同的体裁。但不同的写作体裁往往具有不同的内容要求和结构特点，构思时往往还需要结合特定体裁的特点与要求。因此，在特定写作类型的教学中，我们选择把构思策略与特定的体裁知识结合起来，以增强构思的针对性。例如，在不同体裁的教学中，当使用组织想法的策略时，都需要同时调动与该写作体裁相关的知识，包括基本要素和结构特点等。

4.2.2 “怎么教”：两大教学支架

支架式构思策略教学模式从工具和社会互动两个维度，开发了两组支持听障学生写作构思策略学习的教学支架。其中，工具支架提供了视觉助记工具和写作范例等来帮助听障学生理解和运用构思策略，在课程中他们学习如何使用这些支架来支持构思过程及策略的使用；社会支架则通过结构化的教学活动来促进师生之间和同伴之间的互动，以帮助听障学生完成构思策略知识和技能的建构，其支架作用主要体现在教学互动过程中。

4.2.2.1 工具支架

支架式构思策略教学模式的工具支架主要包括用以支持写作构思策略教学的视觉助记工具和写作范例（见表 1）。

表 1　支架式构思策略教学模式中的工具支架类型及其作用

工具支架		内容	作用
视觉助记工具	策略助记图	呈现构思策略内容	简化策略模型；促进视觉记忆
	体裁知识助记图	呈现重要的体裁知识	提供知识框架和结构图式；促进视觉记忆
	构思提示表	构思各环节的任务提示	构思步骤提示；促进元认知；促进视觉记忆
写作范例		体现特定构思策略运用结果的范文	构建写作图式

（1）视觉助记工具

实证研究发现，听障人群为了弥补听力损失而在后天发展了相对较强的视觉记忆能力，他们的视空工作记忆容量显著大于健听人群，对图形的空间知觉能力更强（张茂林，2005）。对于听障学生而言，视觉化的支架能够帮助他们把抽象的思维模式转换成可视化的形象，是一种相对容易使用的支架。因此，支架式构思策略教学模式提倡教师使用视觉化的助记工具来呈现构思过程及相应策略，使之更容易被听障学生理解和记忆。

① 策略与体裁知识助记图

支架式构思策略教学模式的主要助记工具之一是策略、体裁知识助记图，它通过图表的形式呈现抽象的策略内容和体裁知识，是一种典型的视觉支架。在教学中，我们设计了图 5 所示的助记图来展示整合后的构思策略。在助记图中，我们避开了抽象的术语，而使用通俗易懂的表述：

设定目标环节——“写给谁、为何写、写什么”（即预设读者、确定写作目的、设立具体目标）。

发展想法环节——“多想想、选一选”（即定向联想和评估、筛选信息）。

组织想法环节——“整理好”（即调取图式、整理信息）。

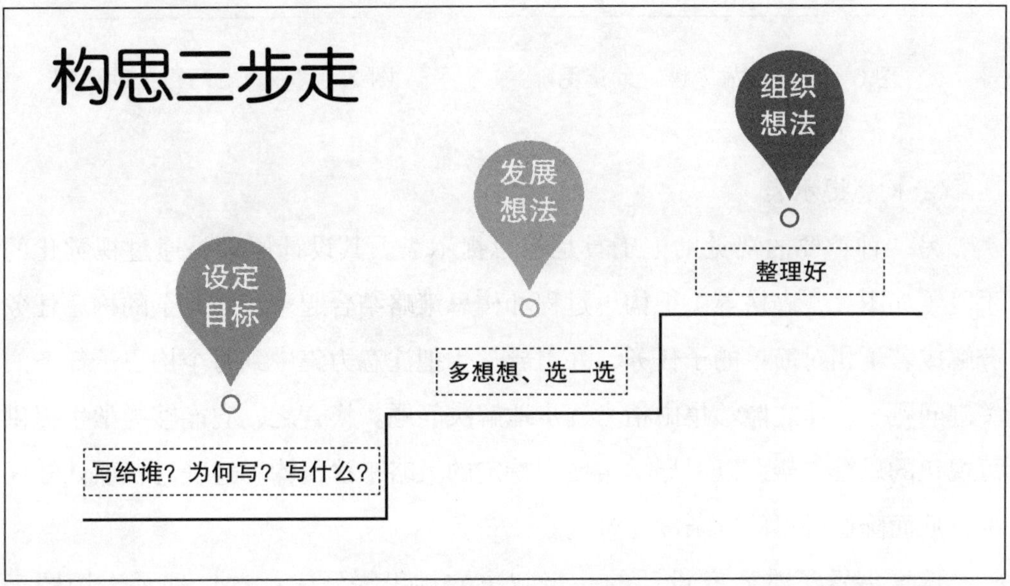

图 5　构思策略助记图

此外，构思策略的运用通常还需要与特定体裁的要求相结合，为了帮助学生记忆重要的体裁知识，我们也设计了相应的助记图。例如，在叙事文教学中，针对细节内容的发展，我们设计了图 6 的助记图来帮助学生理解五种感官描写方式，并将之命名为“细节放大镜”；针对事件要素的组织，则设计了图 7 的助记图来呈现基本的叙事框架，并将之命名为“叙事七巧板”。

助记图主要用于学习的初始阶段，一旦学生能够在不借助助记图的情况下熟练地回忆起构思过程、相关策略及知识的内容，助记图便可以撤除。

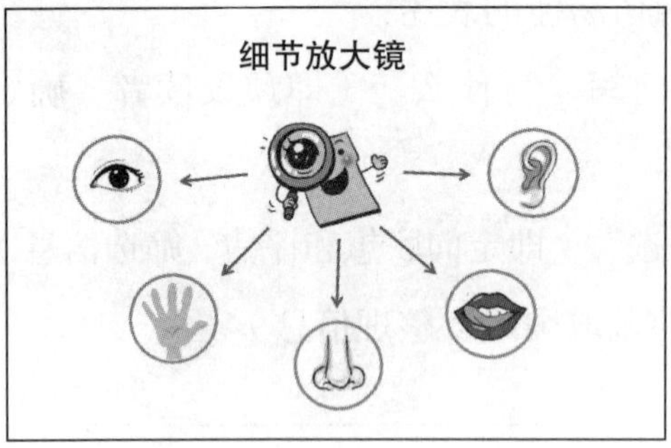

图 6　“细节放大镜”助记图

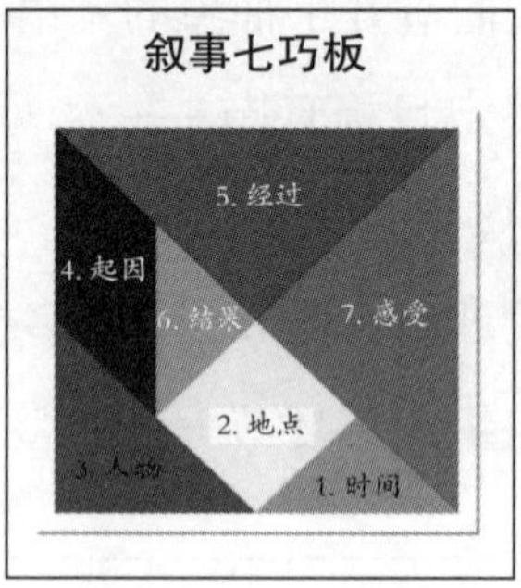

图 7　“叙事七巧板”助记图

② 构思提示表

另一种重要的视觉助记工具是构思提示表。其设计原理是通过视觉化的手段（如图片、表格等）把构思过程和构思策略结合起来，将复杂的构思任务分解成若干相对简单的子任务，并引导学生把注意力集中到每个构思子任务的关键问题上，使之能够集中精力逐步地解决问题。换言之，它能够为学生提供可视化的思维支架，以引导学生使用特定的策略来执行构思过程的各项认知任务，从而降低构思的复杂度与难度。

图 8 展示了本研究设计的一组叙事文构思提示表。这组提示表用图表的形式展示了每个构思环节所要重点考虑的问题或者可以使用的策略，以帮助学生根据叙事文的写作要求设定合理目标、根据目标生成具体的事件与细节，并根据叙事文的结构特征整理各个叙事要素。在教学中，教师可以根据实际需要选择、修改或整合构思提示表，附录 7 中提供了整合版的构思提示表供教师参考。

和助记图一样，构思提示表通常与特定的构思策略和体裁知识相结合，并且主要用于学生对构思过程的管理尚不熟练的阶段。在教学过程中，使用构思提示表的频率可以逐渐降低，一旦学生能够独立、熟练地进行构思，便可撤除提示表。

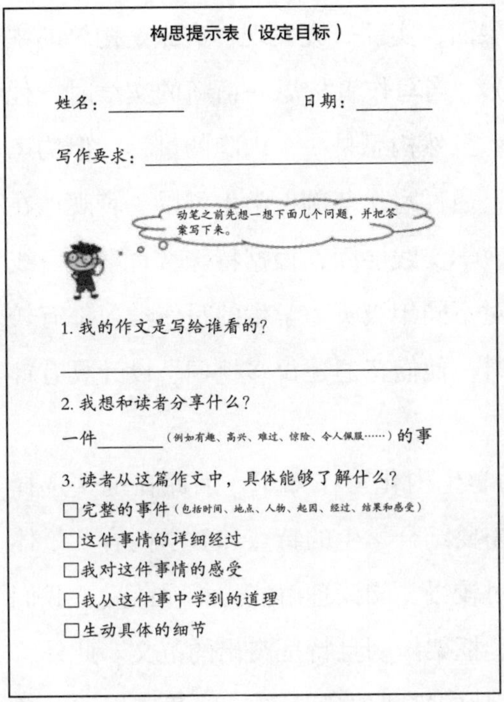

构思提示表（设定目标）

姓名：________　日期：________

写作要求：________________

动笔之前先想一想下面几个问题，并把答案写下来。

1. 我的作文是写给谁看的？

____

2. 我想和读者分享什么？

一件______（例如有趣、高兴、难过、惊险、令人佩服……）的事

3. 读者从这篇作文中，具体能够了解什么？

□完整的事件（包括时间、地点、人物、起因、经过、结果和感受）

□这件事情的详细经过

□我对这件事情的感受

□我从这件事中学到的道理

□生动具体的细节

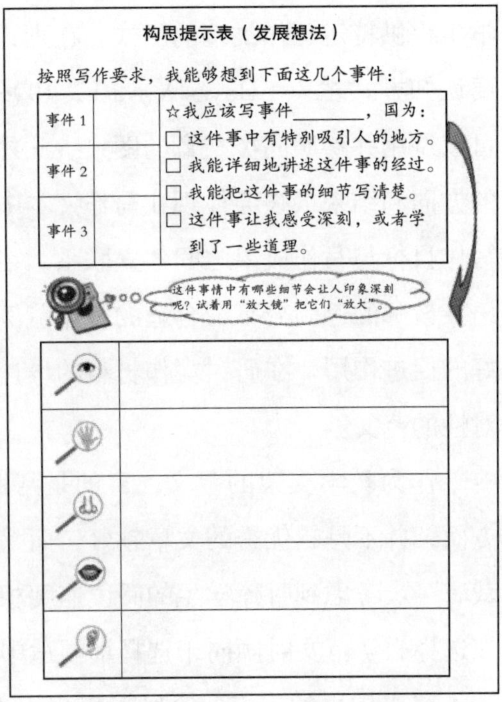

构思提示表（发展想法）

按照写作要求，我能够想到下面这几个事件：

事件 1	☆我应该写事件________，国为： □ 这件事中有特别吸引人的地方。 □ 我能详细地讲述这件事的经过。 □ 我能把这件事的细节写清楚。 □ 这件事让我感受深刻，或者学到了一些道理。
事件 2	
事件 3	

这件事情中有哪些细节会让人印象深刻呢？试着用“放大镜”把它们“放大”。

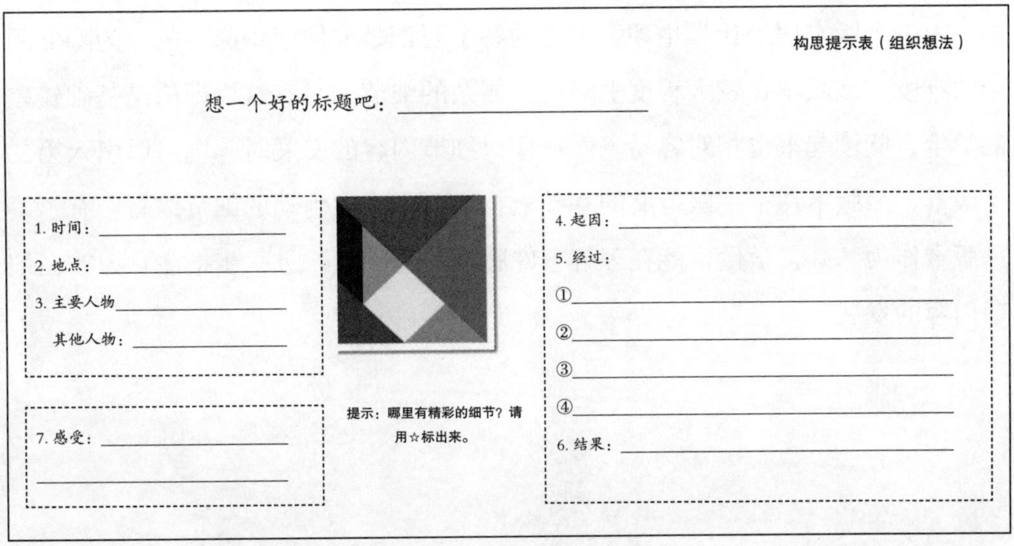

构思提示表（组织想法）

想一个好的标题吧：________________

1. 时间：________________

2. 地点：________________

3. 主要人物________________

其他人物：________________

7. 感受：________________

____

提示：哪里有精彩的细节？请用☆标出来。

4. 起因：________________

5. 经过：

①________________

②________________

③________________

④________________

6. 结果：________________

图 8　叙事文构思提示表

（2）写作范例

范例是写作教学中常用的支架。写作范例可以在读写之间建立联系，为学生提供特定写作类型的图式。在理论层面，实证研究发现，类比是构思的主要认知方式之一（Hayes & Nash，1996），当写作者构思一篇新的文章时，他可以调用并参照同类文章的图式。此外，虽然构思是一个内隐的过程，但构思的方向和结果最终会体现在写作文本中，通过写作范例，学生可以更直观地在写作目标与写作成果之间建立联系。在教学实践层面，根据特殊教育学校一线语文教师的经验分享，合适的写作范例对不同年级听障学生的写作学习都有较好的促进作用。在研讨写作材料的设计时，他们普遍建议多挖掘、设计具有针对性的范文。

作为教学支架的范文，目的是帮助学生内化写作知识。因此在范文选择方面，并不是越优秀的文章越好，而是需要结合学生的特点和教学内容“量体裁衣”。考虑到听障学生的阅读速度相对较慢、阅读理解能力相对落后，我们在选择教学范文时倾向于选择篇幅适中、框架简明且特征突出的范文。此外，为了突出构思的重点，教师可以根据教学的安排对范文进行剪裁或修改，并通过前后的变化来帮助学生理解某些知识点。例如，图 9 所示的范文有两个版本，第一个版本用于让学生理解事件的各个要素是如何组织起来的，为降低阅读的难度，该版本在较大程度上略去了复杂的细节描写。这样即使是基础较差的学生，阅读起来也相对容易。而在探讨细节内容的发展时，则可以引入第二个版本，该版本在第一版范文的基础上，增添了许多生动的细节描写。有了第一版本作为基础，学生也能在理解事件脉络的基础上，进一步把注意力放在细节内容的发展上。

荔枝冰卡喉咙[1]

范例 1	范例 2
在我的记忆里，给我留下痛苦回忆的事莫过于荔枝冰卡住喉咙了。 那是夏天的一个下午，我和同学在文化广场上进行滑旱冰比赛，看谁滑得快、滑得远。 时间分分秒秒地过去了，我们还没分出胜负，我感到很口渴。 中场休息时，好友刘翔递给我一袋荔枝冰。我急迫地把冰块塞到口中，冰块突然滑入了喉咙，不上不下地卡住了。 同学们见了，纷纷围过来，帮我想了很多办法，但都不管用。我越来越难受，这时，我的比赛对手钟玉让人拿来了矿泉水。我喝了矿泉水，冰块慢慢变小，终于咽下去了。最后，我感激地对大家说："谢谢大家的救命之恩！" 经过这次事件，我真正地感受到了生命的可贵，为此我郑重地提醒人们：做任何事情都要注意安全！同时，这次经历也让我感受到同学之间的真情。这真情温暖着我，感动着我，也激励着我。	在我的记忆里，给我留下痛苦回忆的事莫过于荔枝冰卡住喉咙了。 那是夏天的一个下午，我和同学在文化广场上进行滑旱冰比赛，看谁滑得快、滑得远。 时间分分秒秒地过去了，我们还没分出胜负，每个人都已经汗流浃背，嘴唇发干。我渴得要命，嗓子像着了火一般。只见观看的同学有的拿着雪糕，有的拿着棒冰，有的拿着荔枝冰。我看着那一块块晶莹剔透的冰块，咽了咽口水。 中场休息时，好友刘翔递给我一袋散发着荔枝香气的荔枝冰，我迫不及待地拿出一块放进嘴里。一股冰凉的荔枝香味随着荔枝冰的融化，很快从舌尖散开，传遍全身。我顿时精神了许多，继续拼搏、争取胜利的信念更加强烈了！当我急迫地把第二块荔枝冰塞到口中时，脚下没留神，滑了一下，险些摔倒，我忍不住尖叫了一声。不好！嘴里含着的冰块突然滑入了喉咙，我的喉咙好像被人用手无情地掐着。我拼命挣扎，使劲想把冰块咽下去，可怎么也咽不下去。 同学们见了，纷纷围过来，急切地问道："阿胜，你怎么了？"我用手指着喉咙，"嗯嗯哦哦"地表示我噎住了。有的同学吓得不知所措，有的同学急中生智，用手拍着我的后背，试图让我吐出冰块，可这一切都是徒劳的。冰块卡在喉咙中，我吐也吐不出来，咽也咽不下去，只感到呼吸急促，有种快窒息的感觉，站都站不稳了。这时，我的比赛对手钟玉让人拿来了矿泉水。我喝了一小口，费劲地咽下，似乎舒服了一点。接着我又喝了一小口，吃力地咽下，这会儿喉咙卡得没有那么疼了。最后，我又喝了一口水，艰难地把已慢慢变小的冰块整个咽下，这时喉咙如同刀割一般疼痛，直刺每一根神经。我终于化险为夷，长长地吁了一口气。我感激地对大家说："谢谢大家的救命之恩！"说完，我向大家深深地鞠了一躬！ 经过这次事件，我真正地感受到了生命的可贵，为此我郑重地提醒人们：做任何事情都要注意安全！同时，这次经历也让我感受到同学之间的真情。这真情温暖着我，感动着我，也激励着我。

图 9　范文对比举例

前文介绍了支架式构思策略教学模式中主要的几种工具支架，具体包括

① 该范文选自汤素兰主编的《小学生作文全能辅导》，内容根据教学需要进行了适当改编。

策略助记图、体裁知识助记图、构思提示表和写作范例。这些工具支架是开放的，在教学实践中，教师除了使用本研究设计的支架以外，既可以根据实际需要不断丰富上述各类支架，也可以开发新的支架类型。

4.2.2.2 社会支架

社会支架指通过师生互动或同伴互动提供的教学支持。和工具支架不同，社会支架虽然可以在教学程序上具备一定的预设性，但其本质特征仍是动态生成，也就是说，其支架功能是通过人际互动实现的。

支架式构思策略教学模式参考 Pea（2004）和 Puntambekar（2005、2021）等对社会支架的阐述与开发，主要设置了四种互动式的社会支架，具体包括：讨论——师生通过讨论激活有关写作构思和特定体裁的背景知识；示范——教师通过范文分析或者用手语演示思维过程，展示如何使用构思策略及其他工具支架进行写作构思；共建——师生合作，围绕某一话题共同完成写作构思；互评——同伴之间交换阅读并评价写作文本。这四个教学活动循序渐进，在知识建构、内化、实践等不同阶段为听障学生提供适当的支持。

（1）讨论

从一般意义来说，讨论是一种常用的课堂互动方式。在支架式构思策略教学模式中，经过设计的讨论可以作为一种基于特定程序的教学支架。这个支架主要用于帮助学生建构有关构思策略的陈述性知识，通常在引入具体策略之前提供。教师围绕目标策略的学习来设置核心问题，引导学生进行讨论，在此基础上归纳或引入策略知识。讨论作为互动性支架，在写作课上主要服务于以下目的：

一是激活相关的背景知识。根据社会建构主义的观点，任何学习都是建立在一定的先验知识上，写作也是如此。讨论作为一种开放的互动形式，有助于激活这些已有的知识储备，进而建立新旧知识之间的联结。在讨论过程中，教师把知识探索的主要责任移交给学生，更多充当引导者的角色，通过启发与归纳，帮助学生在原有知识、经验的基础上进行总结、拓展，从而激活构思教学所需要的背景知识。就构思策略教学而言，这些知识至少包括构思知识和体裁知识。与前者相关的讨论可以围绕“写作过程包括哪些环节？”“写作构思为什么重要？”“写作构思的过程是怎么样的？需要重点考虑哪些问题？具体怎么做？”等问题展开；与后者相关的讨论则围绕特定的体裁知识展开，例如，“叙事文的主要特点是什么？”“叙事文具备哪些基本要素？”等。

二是联结学生既有的写作经验与新的策略知识。讨论是开放式的，学生可以自由地分享自己的写作经验和关于写作的看法。教师基于学生讨论的内容进行归纳、延伸，进而确定并引入与之相关的构思策略。在这个过程中，既有经验和目标知识之间的关联得以清晰呈现，从而能够使已激活的背景知识成为目标知识的支持。此外，讨论作为互动性支架，也能够为学生提供来自同伴的写作经验，这些经验的共享与互补有助于达成对于学习目标的共识。

（2）示范

示范是指教师通过范文分析或者思维演示等方式来展示写作构思策略的使用过程，具体包括每个构思环节所思考的问题、选择的策略、操作的过程以及产出的结果。相比讨论，示范可以用更为直观的方式向学生演示写作构思策略的运用过程及结果，从而显示这些策略是怎样在构思过程中起作用的。

作为社会支架，示范同样需要学生积极参与才能更有效地发挥作用。在使用示范支架时，教师可以通过成功的写作范例（无论范文，还是构思过程的思维演示）为学生提供来自熟练写作者的经验，并尝试让学生初步参与到构思实践中。例如：在分析范文前，请学生先根据范文话题进行构思；或者在进行思维演示时，鼓励学生辅助教师进行构思；等等。需要注意的是，在分析范文时，教师不宜直接呈现范文所涉及的知识点，而需要紧扣构思过程，将与范文话题相关的构思任务分解为若干目标，并分析每个目标是如何通过构思策略实现并呈现在最终文本中的，以此来帮助学生理解构思过程与构思结果之间的联系。如果采用思维演示的方式，可以鼓励学生参与到构思活动中，但教师在整个过程中起主导作用，以保证思维演示的整体性和连贯性。

（3）共建

共建是指教师和学生共同参与同一话题的写作构思过程。和示范不同，共建的目的是让学生实际参与到构思活动中，并承担相对主要的任务；与此同时，与教师、同伴之间的相互支持可以在一定程度上降低任务的难度。在共建过程中，师生共同面对独立构思时所需要面对的问题（如确定写作目标、寻找素材、发展主题、组织内容等）并共同决策。每个学生参与共建的方式是多样的，可以使用手语表达，也可以使用口语或书写的方式；他们所发挥的作用不一定均衡，但往往是互补的，例如，有的学生在发展想法时更为活跃，有的学生则在组织方面表现出更强的能力。无论如何，他们都能通过参与共建来外化所掌握的知识，并通过教师和同伴的支架作用来学习或巩固知识。

虽然共建的形式可以持续整个写作过程，直到完成定稿。但就本研究而言，共建主要针对构思阶段，因此共建的成果形式通常是写作提纲或构思表。

（4）互评

构思的有效性最终会反映到作品的质量上，在教学过程中，学生根据学习阶段的不同，或者在构思共建的基础上完成写作，又或者独立构思并写作，最后形成完整的作品。除了常规的教师反馈以外，支架式构思策略教学模式引入了同伴互评这一支架，由学生交换阅读作品并做出评价。相比教师，学习同伴之间的生活经历、情感状态、审美意向等往往更为接近，因此是更为亲近的读者。通过同伴互评，学生一方面可以意识到读者的存在，并得到来自读者的即时反馈，从而增强读者意识；另一方面也可以换位到读者的视角，通过审视他人的文章来反思自己。

4.2.2.3 两大支架的关系

在支架式构思策略教学模式的支架系统中，工具支架和社会支架的关系是协同、互补的。

一方面，两者在使用方式上往往是协同作用的。工具支架和社会支架并非两种独立、割裂的支架，在大部分的教学情境下它们可以相互配合，在不同维度上形成分布性支持。例如：示范活动常常与范文支架相结合；而共建活动，尤其是刚开始时，往往会使用构思提示表。

另一方面，两者在适应性上可以形成互补。工具支架是根据教学目标和听障学生现有的学习困难而预设的，虽然学生可以根据个人的学习需要来选择使用哪些支架、以什么方式或什么频率使用，但由于支架内容的预设性，工具支架往往无法很好地照应到复杂学习情境中的动态需求；社会支架则具有更强的灵活性和适应性，能够通过即时的互动更好地照顾到学生的具体需求。例如，构思提示表和共建都可以辅助学生进行构思活动，但构思提示表通过内嵌构思过程和策略提示来帮助听障学生进行构思，其内容是限定性的，共建则通过与同伴、教师互动，以更生动、更丰富的形式展示构思策略运用的可能性。

4.3 教学设计示例

在之后的教学干预中，本研究围绕叙事文设置了三个主题教学单元。本节以第一个主题单元为例，展示在支架式构思策略教学模式的基本框架内完成的具体教学设计。其他教学设计见附录 6。

第 1 课时　叙事文知识的建构

【教学目标】了解叙事文的基本要求、结构特征和发展细节内容的方法。

【教学支架】

工具支架——叙事文知识助记图“叙事七巧板”“细节放大镜”；写作范例

社会支架——讨论、示范

【教学过程】

环节 1：叙事文的写作要求和基本要素

（1）师生一起讨论优秀的叙事文应该具备哪些特点。教师归纳讨论内容，突出“清楚、具体、生动”的要求。

（2）师生一起讨论叙事文的基本要素。教师根据学生的讨论进行引导、归纳或延展。

（3）引入范文《夹眉毛》，先请学生阅读并思考以下问题：①这篇文章讲了一件什么事情？（提醒学生注意标题）②这件事情发生在什么时候？③这件事情发生在哪里？④主人公是谁？⑤“我”为什么要夹眉毛？⑥夹眉毛的过程是什么样呢？⑦最后怎么样呢？⑧“我”的感受或体会是什么？教师一边引导学生思考，一边根据学生的看法，用三种不同的符号把背景要素（时间、地点、人物）、事件要素（起因、经过、结果）和人物感受在范文中标识出来，以便学生了解叙事文的各个要素是如何体现在文本中的。

（4）教师归纳叙事文的基本要素，命名为“叙事七巧板”，并出示助记图。

环节2：叙事文中的感官细节

（1）教师介绍细节描写与叙事文生动性的关系，并请学生讨论平时我们是如何调动感官来观察周围世界的。在讨论过程中，教师根据学生的答案进行归纳、板书。

五官感受

- **用眼睛看**：颜色、形状、动作、外貌、神态……
- **用鼻子闻**：气味
- **用嘴巴尝**：味道
- **手或身体碰**：软硬、冷热、干湿、疼痛、轻柔……
- **用耳朵听**：声音

（2）出示范例句子，和学生一起分析句子中都用到了哪些感官描写。

（3）教师总结“视觉、触觉、嗅觉、味觉、听觉”五种感官描写的方式，命名为“细节放大镜”，并出示助记图。

第 2 课时　构思策略知识的建构

【教学目标】了解写作构思的基本过程；理解各个构思环节的主要任务和构思策略。

【教学支架】

工具支架——策略助记图“构思三步走”；写作范例

社会支架——讨论、示范

【教学过程】

环节 1：构思的基本环节和策略

（1）教师简要介绍写作的基本过程（构思—写作—修改），强调构思的重要性。

（2）请学生讨论、分享自己写作构思的做法和困惑。

（3）教师出示构思策略“写前三步骤”的助记图，并解释每一步的内容。

环节 2：结合范文《学做玫瑰馒头》理解叙事文的构思策略

（1）教师展示范文题目《学做玫瑰馒头》[①]（先不展示正文），请学生先根据题目想一想：①这篇文章可能是写给谁看？可能会写一件什么样的事情？（没有标准答案，简要讨论即可）②如果我们来写这篇文章，应该写清楚哪些内容？

（2）引入范文 1，教师带领学生阅读并梳理内容，看看细节是否翔实、要素是否齐全。

范文 1：学做玫瑰馒头

我跟妈妈学做玫瑰馒头。我拿起一小团面，学着妈妈的样子，把它压成面饼。我做了五个面饼，叠在一起卷起来，就成了玫瑰花的样子。第一次做得不好看，妈妈鼓励我，我又做了一次。做好了，妈妈夸奖我，把玫瑰馒头放到笼屉里蒸，蒸好了，真好吃！

（3）引入范文 2，并与范文 1 做对比，看看增加了哪些要素和细节。

① 该范文选自徐林主编的《小学生作文方法指导》，内容根据教学需要进行了适当改编。

范文 2：学做玫瑰馒头

一天，我放学回家，看到妈妈正在做玫瑰馒头。我看着这些漂亮的馒头，喜欢极了，于是，我决定跟妈妈学做玫瑰馒头。

我拿起一小团面，先把它揉成一个圆溜溜的小球，然后学着妈妈的样子把它压成面饼。我连续压了五个面饼，再把它们平铺在桌子上，一个接一个地错开叠在一起。接着，我将叠好的面饼卷起，卷成面卷，再拿筷子从面卷中间按下，然后用刀切开，就成了玫瑰花的样子。

可做好后，玫瑰花馒头看起来歪歪斜斜的，妈妈告诉我是因为面饼太厚了。在妈妈的鼓励下，我又重新做了一次。这次我把面饼压得薄了一些，做好后果然比第一次的好看多了。妈妈向我竖起了大拇指。

妈妈把做好的玫瑰馒头放进笼屉里开蒸，我耐心地等待着……过了半小时，馒头终于蒸好了，我迫不及待地拿起一个我亲手做的玫瑰馒头尝了一口，哇！真好吃，像真有玫瑰花的香味呢！

（4）师生一起根据范文 2 的介绍，尝试用橡皮泥制作玫瑰馒头，体会文章是如何展示做馒头的步骤和细节的。

【课后作业】课后向家人、老师或朋友学习一样东西（如家务、手工或其他技能等），并以“跟 ×× 学 ××”为话题，写一篇作文向同学们介绍这件事情。要求把经过和细节写清楚、写具体，字数不限。

第 3 ～ 4 课时　构思策略的应用[①]

【教学目标】应用并进一步理解构思策略的内容。

【教学支架】

工具支架——策略助记图“构思三步走”；构思提示表

社会支架——共建

① 在实际教学过程中，根据学生的学习情况共实施了 3 次共同构思活动，后两次活动各用 1 课时，因此第一单元实际用了 7 个课时，具体见表 4。本小节主要展示全班共同构思活动的基本设计，因此后两次活动从略。

【教学过程】

环节 1：复习策略并介绍构思提示表

（1）请学生回忆构思策略的内容。

（2）教师介绍构思提示表内容和使用方法。

环节 2：师生共同构思“记一次校园活动”

以教师为主导、学生为辅助者（后续教学中随着学生熟练度的提高，可以逐渐转换角色），共同以“记一次校园活动”为话题进行构思。

（1）设定目标：准备写给谁看？希望和读者分享一次什么样的活动？读者从文章中可以具体了解到什么？

（2）发展想法：①结合话题和设定的目标，尽量列出多个相关的校园活动；②参考构思提示表中的筛选标准，选出最值得写的一次活动；③详细回忆这次活动的细节，列出基本的信息和印象深刻的地方。

（3）组织想法：参考“叙事七巧板”的结构图式，梳理活动事件的基本要素和脉络。

【课后作业】把课堂上共同完成的构思提示表打印或复印后，发给每位学生，请学生根据构思提示表完成作文。要求把事情写清楚，把细节写具体，字数不限。

第 5 课时　习作点评与修改

【教学目标】了解自己的写作情况，并反思构思策略的应用情况。

【教学支架】

工具支架——构思提示表

社会支架——同伴互评、示范

【教学过程】

（1）复习构思策略与体裁知识。

（2）学生交换课后完成的习作，并互相点评。

（3）教师选取其中一篇习作，根据构思表，示范如何修改习作。

【课后作业】同样以“记一次校园活动”为话题，尝试独立构思并写一篇新的作文。要求把事情写清楚，把细节写具体，字数不限。

4.4 本章小结

支架式构思策略教学模式在充分考虑听障学生的写作困难、认知特点以及视觉记忆优势的基础上，以写作认知过程理论和支架理论为指导，构建了包括教学内容和教学方法在内的基本框架。

在教学内容方面，支架式构思策略教学模式以写作认知过程理论中关于构思过程与认知机制的成果为参考，分别针对“设定目标”“发展想法”“组织想法”三个基本构思环节设计了相应的认知策略。具体包括：“写给谁？为何写？写什么？（预设读者、明确写作目的、设定具体目标），“多想想，选一选”（定向联想、评估和筛选信息），“整理好”（调取图式、整理信息）。

在教学方式方面，支架式构思策略教学模式考虑到听障学生在复杂认知操作上的困难以及对视觉信息的依赖，借鉴建构主义学习理论中的支架理论，设计了视觉化的工具支架和互动性的社会支架，用来支持他们学习和运用构思策略。其中工具支架主要包括切合听障学生视觉记忆特点的视觉助记工具（如策略助记图、体裁知识助记图、构思提示表等）和切合其阅读水平的写作范例。社会支架则主要包括用以促进师生互动和同伴互动的四个支架——讨论、示范、共建和互评。这两组支架在教学情境中可以通过协同、互补的作用为听障学生提供系统而灵活的支持。

第 5 章　基于支架式构思策略教学模式的听障学生写作教学干预

为了考察支架式构思策略教学模式是否适用于听障学生的真实写作课堂，以及该模式在具体教学情境下的作用，本书作者进入某珠三角城市（下文简称 Z 市）的一所综合性特殊教育学校（下文简称 Z 校），与该校师生展开合作，在听障学生的写作课堂上实施教学干预。本章对教学干预情况进行详细说明，首先介绍教学环境、研究参与者的基本情况、教学设计和教学实施过程，以提供有关教学情境与教学内容的具体信息；其次介绍干预数据收集的基本情况和数据分析的方法；最后进行伦理规范说明，以保证研究的正当性。

5.1 教学环境

Z 校隶属当地教育局，是一所为听力障碍以及其他多种障碍类型的特殊儿童、青少年提供义务教育和职业教育的寄宿制学校。该校现有 516 名学生，其中听力障碍学生 20 名，按照“义务教育”和“职业教育”两类教育性质分成两个教学班，每个班涵盖多个教学层次。在开展本研究之前，本书作者曾经到该校参加有关听障学生语文教学的交流活动，了解到该校听障学生数量较少、层次复杂，写作教学需求迫切而资源有限的情况，并与听障班的语文教师建立了良好的交流氛围，这为在该校开展写作教学合作与研究提供了可行性基础。

本研究的教学干预实践在 Z 校职高启聪班（即职业教育阶段的听障教学班，下文简称启聪班）开展，这主要出于两方面的考虑：一是写作指导的重要性。该班学生已经进入职高阶段，从 Z 校毕业后将直接进入社会工作或者通过高考升学，无论是哪种未来规划，写作对于他们的社会生活和学业发展都有重要意义。但据语文教师反馈，他们对写作的认知还停留在写“流水账”式的日记，原因是进入本班以来，他们的写作练习主要是每周三次的日记，并未设置专门的写作训练课。二是写作指导的可行性。和义务教育阶段相比，职业教育阶段的语文课程压力相对较小，教师有更大的空间可以展开写作教学探索。

启聪班的教学环境如图 10 所示：教室正前方是四片式的可移动黑板，黑板正中央悬挂一块大约 1.5m × 1m 的多媒体液晶屏幕（不使用时可隐藏于黑板后面），前面设有内嵌多媒体操作系统的讲台，左边是一个置物台，用于放置教具、学生作业、绿植等。讲台上方的天花板悬挂液晶提示屏，用于提示“上课中”等信息。教室左侧是窗户；右侧墙上贴着班级课表、值日表和学生的活动作品“文明城市”（垃圾分类指引）和“职业遐想”（学生职业意向）；下方是一排置物架，通常放置共享图书和学生的个人物品；后侧墙为展示板，板上悬挂时钟并粘贴行为规范宣传作品（不定期更换）。在其他课程中，学生的桌椅通常分成 3 排，分布在教室中央；写作课为方便师生互动，把桌椅调整为单排放置。在进行教学观察时，本书作者通常坐在教室右后方，并在左后方架设摄像机。

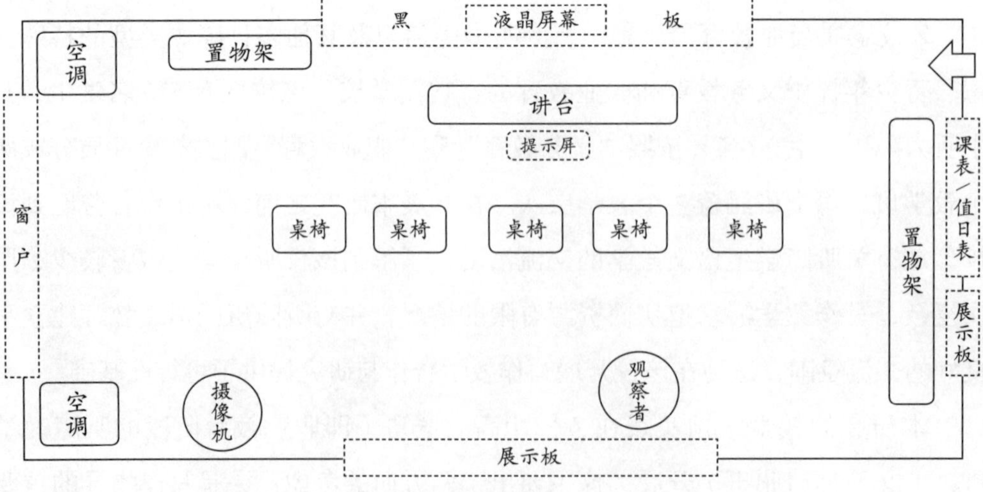

图 10　启聪班的教学环境

5.2 教学参与者

本研究的参与者为启聪班的 5 位听障学生和 1 位语文教师，本节将分别介绍他们的基本情况。为了保护研究参与者的隐私，书中一律使用化名或字母代号。

5.2.1 学生参与者的基本情况

启聪班共有 7 名学生，其中 2 名学生为听力和智力双重障碍，并未参加本研究。参与本研究的 5 位听障学生（基本信息见表 2）均无其他方面障碍，其中 2 人为先天性听力障碍，其他 3 人在 2 ~ 4 岁诊断出听力障碍。他们都能够熟练使用手语，但家庭成员基本都是听人[①]，学校以外的语言环境以汉语普通话和粤方言为主。

在参与本研究前，该班并未开设专门的写作课，语文课则是根据学生的实际专业文化水平进行分层授课，这 5 名学生分为了 2 个教学层次，3 名学生学习相当于普通学校七年级的课程，另外 2 名学生学习相当于普通学校四年级的课程。

表 2　学生参与者的基本信息

学生	性别	出生日期	听力受损时间	听力损失（dB）	辅助设备 / 使用时间	语文课教学层次	是否住校
小惠	女	2003 年 8 月	2 岁	90	助听器 /–	七年级	是
小艾	女	2003 年 6 月	3 岁	102	无	七年级	是
阿康	男	2002 年 12 月	先天	104	人工耳蜗 /7 岁	七年级	是
小英	女	2004 年 1 月	先天	89	无	四年级	否
阿伟	男	2003 年 12 月	4 岁	104	人工耳蜗 /7 岁	四年级	是

① 听人也称健听人，指听力正常、没有听力障碍的人士。

下面分别简要介绍他们的个人背景、学习经历、语言使用情况和语文学业表现。

（1）小惠

小惠，女，18 岁[①]，重度听力障碍。她在 2 岁时被诊断出听力障碍，佩戴助听器后听力补偿能满足基本交流需要，但不太清晰；家中有 1 名姐姐同为听力障碍（不会手语）。

她小学和初中就读于普通学校，高中转学至 Z 校。在转到 Z 校之前，小惠不会手语，日常交流主要使用普通话（包括口语和书面语），并能够较为熟练地读唇，因此相对班里其他学生而言，她的汉语基础比较好。来到 Z 校以后小惠开始学习手语，在本研究开始时她基本能够使用手语与老师、同学进行交流。尽管能够使用普通话和手语，但在 Z 校小惠倾向于使用手语进行交流，很少使用口语；在无法使用手语的场合，例如，与不会手语的健听人进行交流时，则使用普通话口语和书面语（写字或用手机打字）。在她的自我感知中，使用普通话进行交流仍有一定困难，使用手语则较为容易。

结合笔者的观察和合作教师 L 老师的描述，小惠性格娴静，学习主动性较强，上课积极、专心，总是能够按时完成学习任务。此外，小惠喜欢写作，并被认为是“写作好”的同学。尽管她的作文也体现出不少听障学生写作中普遍存在的问题，但整体质量明显优于班级中的其他同学。因此在师生访谈和日常教学中，无论老师还是其他同学，谈到写作时，总是把她作为班级中的优秀代表。

（2）小艾

小艾，女，18 岁，极重度听力障碍。她在 3 岁时被诊断出听力障碍，未佩戴助听设备，无法听到声音；家庭成员均为健听人，但妹妹能够使用手语与她交流。

小艾小学至高中均就读于 Z 校，能熟练使用手语，基本无法使用口语交

① 本节中学生年龄均以本研究教学干预开始的时间（即 2021 年 9 月）为计算节点。

流。在学校和家里，她通常使用手语进行交流，在其他社会交际中则主要使用普通话书面语（手机打字）。

在语文学习中，小艾表现较好，2020—2021 年度第二学期的期末语文考试成绩为 90 分（满分 100 分）。日常学习自觉性与主动性都较强，课堂表现积极、参与度高，课程任务完成及时。此外，她性格开朗、感受细腻，对写作有一定的兴趣。

（3）阿康

阿康，男，19 岁，先天性极重度听力障碍，7 岁植入人工耳蜗；其他家庭人员均为健听人，且不会手语。

他在 Z 市出生、长大，从小学一年级开始便就读于 Z 校，能够熟练使用手语，基本无法使用口语。在学校里，他通常使用手语，在家里和其他社会交际中则辅以普通话书面语（写字）。

在语文学习中，阿康虽然与小惠、小艾处于同一教学层次，但并不能很好地胜任课程学习，因此 2020—2021 年度第二学期的期末语文考试中，任课教师选用半开卷形式对他进行考核，评定结果为“合格”。据 L 老师反馈，他的学习主动性不强，有时不能按时完成学习任务；但配合度较高，基本能够认真参与学习。就写作而言，参加写作课之前，他的兴趣不大，并感到较为困难。

（4）小英

小英，女，17 岁，先天性重度听力障碍。未佩戴助听设备，无法听到声音；家庭成员均为健听人，但基本可以使用手语与之交流。

她小学就读于省内其他城市的特殊教育学校，初一时随家人搬迁到 Z 市，并转学至 Z 校，手语较为熟练，无法使用口语。在学校和家里她主要使用手语，在社会交际中则以普通话书面语（手机打字）为主。

在语文学习中，小英的教学层次为四年级，2020—2021 年度第二学期的期末语文考试成绩为 66 分（满分 100 分）。她是班级中唯一的走读生，性格开朗，十分乐于与人交流，但学习自觉性较弱，经常以“忘带”为由不交作业。就写作而言，她的畏难情绪十分明显，经常向 L 老师抱怨写作文很难。

（5）阿伟

阿伟，男，18 岁，极重度听力障碍。他在 4 岁时被诊断出听力障碍，7 岁植入人工耳蜗；家庭成员皆为健听人，且不会手语。

他小学至高中均就读于 Z 校，手语较为熟练，并能够使用口语进行简单交流。在学校里，他的主要交流方式是手语，在家里和其他社会交际中，则主要使用普通话口语和书面语（写字）。

在语文学习中，他与小英的教学层次同为四年级，2020 —2021 年度第二学期的期末语文考试成绩为 83 分（满分 100 分）。他的性格较为内向，学习自觉性较弱，常常不交作业。就写作而言，他明显缺乏兴趣，一开始对写作课具有排斥情绪。

5.2.2 合作教师的基本情况

本研究的合作教师为 L 老师，女，听人，本科毕业于长春大学特殊教育专业。毕业至今一直在 Z 校从教，教龄 7 年，其中在听障班语文课的教学时长为 1 年。能够熟练使用手势汉语，课上使用手语和普通话进行授课，日常主要使用手语与学生进行交流。现担任启聪班的班主任兼语文教师。

寻求教学方法上的突破是 L 老师参与本研究的动力之一。访谈中她表示目前教学的压力之一是班级学生的情况比较复杂："层次太多，1 个班 7 个学生，其实有 3 个层次。如果细分的话能分成 4 ~ 5 个层次。""每个人都不一样。小艾、小惠跟阿康其实就是两个层次。小惠跟小艾可以分到一个层次，阿康是另一个层次，他们的水平是不一样的，所以在备课的时候很难。"（F–L，位置 36、38）另外一个动力来自学生的现实需要。尽管平时在学校可以使用手语，但在学校之外这些学生很多时候需要与不懂手语的健听人进行沟通，例如，小惠课后到快餐店打工、小英帮家里的饭店招呼客人、小艾课外参加摄影采风等。这个时候书面语就成为他们的主要沟通手段："她需要主动去跟别人沟通，但是别人是不懂手语的，所以这时她需要用手机打出文字，然后跟别人说话，这个时候很需要用到书面的表达。"（F–A–3，位置 59）此外，有的学生（如小惠）有明确的升学意向，写作水平的提高对于她而言十分重要。

作为一名特殊教育工作者，L 老师的性格热情、耐心，与班里学生关系融洽。由于兼任班主任和语文教师，她与学生交流密切，对学生的生活和学习都十分关心。在教学中，她善于关注每一位学生的表现，时常采用鼓励式教育；同时也经常反思自身的教学，乐于与笔者进行教学探讨。

5.3 教学内容与实施过程

5.3.1 教学内容

本研究开展的教学干预以叙事文为教学体裁，结合启聪班的写作学情，设计了三个主题单元的教学内容。

5.3.1.1 教学体裁的选择

叙事文即以叙述事件为主要内容的记叙性文章。记叙性文章是学生学习语文最早的体裁，也是学习写作的起始体裁（贺卫东，2019），同时也被视为学习其他写作体裁的基础（汪潮，2016）。无论是在普通中小学还是特殊教育学校的语文教学中，记叙性文章始终是写作教学的重点。但从语文课程标准来看，在义务教育阶段，听障学生的写作训练要求相对较低，根据《聋校义务教育语文课程标准（2016 年版）》，即使是在七至九年级，也只是要求学生“能写简单的记实作文和想象作文，努力做到中心明确，内容具体，感情真实，语句通顺”。这与普通学校语文课程标准中五、六年级的写作要求相当。由此可见，即使按照课程标准完成了相应的学习内容，在进入职高之前的义务教育阶段，听障学生接受的记叙性文章训练也是相对有限的，仍需进一步训练。从内容方面来看，记叙性文章通常以写人和叙事类为训练重点，其中叙事类是基础，也最能体现记叙性的特点。即便是以刻画人物为目的的写人记叙文，也离不开对代表性事件的叙述。因此，在选择教学体裁时，我们首先考虑记叙性文章，并最终决定以叙事文为主来训练学生的写作构思策略。

5.3.1.2 启聪班写作学情分析

在进行教学干预之前，我们通过师生访谈、写作过程观察和写作测验的方式，从写作学习经验、写作构思表现和叙事文写作情况三个方面来了解启聪班的写作学情。

在写作学习经验方面，义务教育阶段受语文课时和自身的语言表达水平限制，除了就读于普通学校的小惠以外，其他学生接受的写作训练较为有限，他们自身对以往写作经历的印象也十分模糊；进入职高阶段以后，启聪班的语文课把重点放在阅读教学，且并未另设专门的写作训练课，只是要求学生在课外进行日记写作。

在写作构思表现方面，据教师反馈，由于日常的写作练习是日记，所以学生通常是简单记录当天发生的事情，据观察并没有明显的写前构思习惯（如写前深思熟虑、罗列要点或拟提纲等）。为了进一步观察学生的构思表现，我们在教学前对学生进行了 1 次课堂写作测验，并在测验后对学生进行了访谈。据现场观察，尽管学生在动笔之前的思考时间差异较大，但基本的共同点是并没有进行充分的构思，也没有产生任何书面构思笔记。其中动笔最快的小惠写前只花费了 1 分钟，基本是阅读完写作要求就开始动笔；动笔最慢的阿康花了 31 分钟，却从访谈得知他只是在犯难，处于“不会写”的挫败感中。此外，除了小艾进行了一定的写前构思，并报告了一定的策略（先回忆事件的完整经过）以外，其他同学的访谈内容都没有反映出明确的构思策略。

在叙事文写作情况方面，据教师反馈，学生的日记习作大多是记流水账。程度较好的以小惠为代表，基本能够把事情的脉络写清楚，但内容通常较为单薄，缺乏精彩的细节；程度较差的以小英和阿伟为代表，还很难把一件事情写清楚，缺乏具体的内容和清晰的逻辑，语言也经常难以理解。为了更为客观地分析学生地叙事文写作情况，我们使用叙事文写作评价方法（见 5.5.1 节）对教学前写作测验的文本进行评分。5 位学生的得分情况如表 3 所示。

表 3　启聪班学生在教学前测验中的得分情况

写作话题：我战胜了困难

作者	内容（10 分）	组织（10 分）	语言（5 分）	总分（25 分）
小惠	6	8	4	18
小艾	4	3	2	9
阿康	0	0	0	0
小英	2	0	1	3
阿伟	0	0	1	1

从上表可以看到，除了小惠在组织和语言两个层面表现较好以外，学生的整体表现都差强人意。以下面阿伟的文本为例，该文在各个方面都不符合叙事文的要求，也印证了授课教师所说的还无法把一件事情写清楚。

（未拟标题）

我自己遇到作文困难，我难了。我为什么不知道作文困难！我不能轻易放弃！要想有办法克服它的困难。请以问题“我战胜了困难！”

5.3.1.3 教学内容设计

综合上述对启聪班写作学情的分析，我们确定了在该班开展构思策略教学的必要性。考虑到学生有限的写作经验和文本表现，在教学设计上有以下考虑：

（1）在引入构思策略知识之前，先建构必要的叙事文知识，并把关系到内容发展的细节描写知识和关系到内容组织的叙事文基本要素作为重点内容。

（2）通过多个主题单元强化训练，由浅入深，从相对具体、容易理解的写作主题逐渐过渡到更为抽象的写作主题，以使学生在逐渐熟悉构思策略的同时，也学会驾驭不同主题的叙事文。

（3）在工具支架的设计方面，助记图和构思提示表尽量使用简单易懂的语言，以减轻学生的阅读负担；写作范例的长度和难度随教学进度而增加，在第一个主题单元尽量选择较为简短、鲜明的范例。

根据上述分析，结合合作教师的建议和学生的生活经验，我们安排了三个主题单元（“技能学习”“生活拾趣”“成长感悟”）的教学内容，具体教学设计见 4.3 节及附录 6。

5.3.2 教学实施过程

本研究于 2021 年 9 月 13 日至 2022 年 1 月 7 日在 Z 校启聪班实施教学干预，除写作测验与访谈外，授课时间共 13 课时，每课时约 45 分钟，共 630 分钟。具体过程见表 4。

表 4　教学实施过程（简表）[①]

日期	时长 / 课时	内容
2021.09.13	90 分钟	课堂写作：“我战胜了困难”
2021.09.13—14	53 分钟	学生访谈：1. 写作经历 2. 写作构思情况
2021.09.18—11.08	7 课时	主题单元一（技能学习）
2021.11.15	90 分钟	课堂写作：“第一次……”
2021.11.15	117 分钟	学生访谈：1. 写作构思情况 2. 课程学习体验
2021.11.22—12.10	3 课时	主题单元二（生活拾趣）
2021.12.10	90 分钟	课堂写作：“节日记事”
2021.12.13—12.27	3 课时	主题单元三（成长感悟）
2022.01.07	90 分钟	课堂写作：“一件温暖的事”
2021.12.28	124 分钟	学生访谈：1. 写作构思情况 2. 课程学习体验
2022.01.07	50 分钟	教师访谈：教学整体反思

① 详表见附录 5。

5.4 数据收集

本研究采用定性和定量两种方法来分析构思策略教学对听障学生写作学习的干预效果，为了获得充足的数据，我们通过写作测验、师生访谈和教学观察等多种方式来收集资料。所获得的数据、资料主要有以下类型：①写作文本；②师生访谈记录；③写作观察及时间记录、教学观察笔记和录像等其他资料。

5.4.1 写作文本

写作文本指学生在写作过程中形成的书面材料，如大纲、笔记、草稿、最终作品等。

本研究所收集的写作文本主要是学生在课堂写作测验中完成的作文样本。作文样本是评估学生文本表现的重要依据，本研究在开展过程中持续性地收集学生的作文样本。为了在相对统一的条件下观察学生的文本表现，教学前后我们收集了每位学生各 4 次课堂即时写作的样本，共计 20 个样本。第 1 组样本在教学前一周收集，以反映学生在教学前的写作水平；第 2 ~ 4 组样本分别在 3 个教学单元结束后收集，以反映学生经过教学之后的发展轨迹。

此外，在部分课堂写作测验中学生自主产生了书面构思笔记，我们收集了这些构思笔记，作为了解学生构思行为的参考。与此同时，本研究还收集了学生在课后完成的写作练习样本和教师、同伴对这些样本的评语。

5.4.2 访谈记录

5.4.2.1 学生访谈

在教学干预的不同阶段，包括教学前、教学中和教学后，我们一共对学生做了3次正式访谈①。正式访谈皆采用半结构式，每次时间为50 ~ 120分钟，平均每位学生13 ~ 24分钟。此外，在研究过程中，我们也不定期地对学生和教师进行了随机访谈，以作为正式访谈的补充。

教学前的访谈主要围绕学生的个人基本情况、写作学习经历、写作构思过程及策略运用情况展开；教学中和教学后的访谈除了涉及学生的写作构思过程及策略运用情况（这些访谈问题具有统一性，目的是比较学生在教学前后的变化）以外，还关注学生在教学干预中的学习体验。

考虑到参与本研究的学生都无法使用口语进行顺畅交流，为确保访谈的信度，对学生的访谈皆由授课教师兼班主任L老师辅助翻译。在访谈过程中，针对学生提到的一些情况，L老师也能够即时地补充一些相关信息，以帮助研究者更全面地了解实际情况。

经过学校、授课教师、学生家长和学生本人的同意后，每次正式访谈都进行了录音②（手语部分通过L老师口头转述和研究者本人现场做笔记两种方式记录下来），并在访谈结束后由研究者结合现场笔记，转录成文本。

5.4.2.2 教师访谈

因为和L老师的交流较为密切，所以教学前和教学中的教师访谈主要采用随机访谈的形式，内容涉及教师的个人经历、班级写作指导的既往情况、学生的背景信息，以及教师对学生的认识与评价（如学习表现、性格特点）等。在每次随机访谈后，研究者会及时整理、记录相关内容，形成访谈笔记。

在教学结束后，研究者对L老师进行了一次半结构式的正式访谈，时长约为50分钟，话题主要围绕她作为写作课授课教师的教学体验和对教学方

---

① 第1次访谈只有4位学生参加。教学前阿伟尽管同意参加写作课，但表现出较为消极的态度，并十分抵触访谈。在积极劝说无效后，研究者和授课教师一致认为，应该尊重学生本人的意愿。因此关于阿伟教学前的情况是通过L老师的反馈获取。随着教学的开展，阿伟的态度发生了很大改变，后2次访谈都积极参与，并乐于表达自己的想法，因此后2次访谈都是5位学生全体参加。

② 出于对受访者隐私的保护，本研究尊重学校和学生家长关于研究中不进行正面录像的意见，而采用录音和笔录结合的方式记录访谈内容。

式、内容等的评价。经 L 老师本人同意，此次访谈也做了录音，并在访谈结束后由研究者转录成文本。

正式访谈所收集到的资料详见表 5。

表 5　正式访谈资料一览

阶段	时长	访谈对象	访谈时间	转录文本编号
教学前	53 分钟	小惠	2021–9–13	F–H–1
		小艾		F–A–1
		阿康	2021–9–14	F–K–1
		小英		F–Y–1
教学中	117 分钟	小惠	2021–11–15	F–H–2
		小艾		F–A–2
		阿康		F–K–2
		小英		F–Y–2
		阿伟		F–W–2
教学后	124 分钟	小惠	2021–12–28	F–H–3
		小艾		F–A–3
		阿康		F–K–3
		小英		F–Y–3
		阿伟		F–W–3
	50 分钟	L 老师	2022–1–7	F–L

5.4.3 其　他

5.4.3.1 写作时间记录

构思虽然是一种内隐性较强的活动，但一定程度上可以通过外在行为（如构思时间）表现出来。构思时间是指写作者用于思考写作任务相关内容与策略的时间。写前构思是构思的重要阶段，相关研究表明，熟练的写作者相比新手写作者，通常在写前阶段花费更多的时间与精力，构思也更加充分、灵活。因此写前构思时间是观察写作者构思行为的一个重要维度。

在本研究中，我们以课堂写作测验为窗口来观察学生的写前构思时间。具体操作方法为：由研究者现场观察、填写《写作时间记录表》（见附录 3），并于写作结束后对写作时间进行计算，将“开始时间（布置完写作要求）”至“动笔时间”之间的时长计为写前构思时间。

5.4.3.2 教学观察笔记与教学录像

教学观察笔记和教学录像主要用于了解学生在写作学习过程中的具体表现，以及检查构思策略教学的信度。为了解教学设计的实现情况，保证教学的真实性，本书作者基本每周都旁听 L 老师的写作课，并对教学过程进行观察与录像。课堂录像和笔记资料详见表 6。

表 6　教学观察资料一览

教学单元	课时	教学时间	主要内容	录像编码	笔记编码
单元一	第 1 课时	2021–9–18	介绍叙事文知识	V–1–a–1	N–1–a–1
	第 2 课时	2021–9–27	介绍构思策略内容	V–1–a–2	N–1–a–2
	第 3 课时	2021–10–18	构思支架介绍	V–1–a–3	N–1–a–3
	第 4 课时	2021–10–18	构思文本共建	V–1–a–4	N–1–a–4
	第 5 课时	2021–10–25	构思文本共建	V–1–a–5	N–1–a–5
	第 6 课时	2021–11–01	习作点评、修改	V–1–a–6	N–1–a–6
	第 7 课时	2021–11–08	构思文本共建	V–1–a–7	N–1–a–7
单元二	第 8 课时	2021–11–22	策略复习、范文分析	V–1–b–1	N–1–b–1
	第 9 课时	2021–11–29	构思文本共建	V–1–b–2	N–1–b–2
	第 10 课时	2021–12–06	习作点评、修改	V–1–b–3	N–1–b–3

续表 6

教学单元	课时	教学时间	主要内容	录像编码	笔记编码
单元三	第 11 课时	2021–12–13	策略复习、范文分析	V–1–c–1	N–1–c–1
	第 12 课时	2021–12–20	构思文本共建	V–1–c–2	N–1–c–2
	第 13 课时	2021–12–27	习作点评、修改	V–1–c–3	N–1–c–3

5.5 数据分析

干预成效通常体现为教学实现的情况。教学实现情况一般可以从学习者获得的学习结果和学习者感知的学习体验两个基本维度进行审视（van den Akker，2003）。分析一种教学模式是否适用于特定学生群体，一方面要衡量该模式能否提高学生的写作学习成效，另一方面也需关注其能否给学生带来积极的学习体验。因此，本研究从启聪班听障学生的写作表现（即学习结果）和写作学习体验两个角度来分析构思策略教学干预的结果。

写作表现主要关注文本表现和构思表现两个方面。文本表现指学生作文成稿的质量，是写作教学效果的直接体现，能够直观地反映学生写作水平的高低。构思表现指学生在写作过程中表现出来的构思方式与特点，能够体现学生实施和管理写作过程，尤其是构思过程的重要技能，并且对写作质量有重要影响。文本表现和构思表现的结合能够从写作文本的质量和写作认知过程的表现两个层面综合考察启聪班学生的写作水平，从而更全面地呈现构思策略教学对其写作表现的影响。在本研究中，文本表现的主要数据来自学生写作测验的样本；构思表现的主要数据来自师生访谈，并辅以学生的写作时间记录和书面构思笔记。

学习体验是指学习者在学习实践中对学习结果和过程的主观认识与感知。本研究主要关注启聪班学生在构思策略教学中对写作学习成效的自我感知以及对学习过程的感受和评价。相关数据主要来自师生访谈，并辅以教学观察和课后练笔的评语。

上述几个分析角度的数据来源和相应的分析方法 / 工具见表 7。本节对主要数据——写作样本和师生访谈的分析方法做详细介绍，并对其他数据的分析情况做简要说明。

表 7　数据分析方法

<table>
<tr><th colspan="2">分析角度</th><th>数据来源</th><th>分析方法 / 工具</th></tr>
<tr><td rowspan="4">写作表现</td><td>文本表现</td><td>课堂写作样本</td><td>“叙事文写作评价方法”
统计分析软件 SPSS 28.0</td></tr>
<tr><td rowspan="3">构思表现</td><td>师生访谈</td><td>主题分析法
质性分析软件 MAXQDA 2020</td></tr>
<tr><td>写作时间记录</td><td rowspan="2">—</td></tr>
<tr><td>书面构思笔记</td></tr>
<tr><td colspan="2" rowspan="3">学习体验</td><td>师生访谈</td><td>主题分析法
质性分析软件 MAXQDA 2020</td></tr>
<tr><td>教学观察</td><td>—</td></tr>
<tr><td>课后练笔及其评语</td><td>—</td></tr>
</table>

5.5.1 写作样本质量的评价

写作样本质量是写作水平的重要体现。构思及构思策略的运用是相对内隐的过程，但实证研究表明构思质量对作文质量确有重要影响（Spivey & King，1987；Carey et al.，1989 等），因此要了解学生在写作过程中是否进行了有效的构思，除了考察其构思表现以外，写作样本的质量分析也是一个重要途径。本研究以叙事文为教学体裁，对听障学生在教学前后所写叙事文的质量进行分析与评价，是衡量本研究教学成效的重要途径。

虽然国内学界有不少学者尝试开发面向中小学生的写作评价工具（祝新

华，1991；陈沛，2020 等），但除了高考作文评价标准外，尚未形成较为权威的作文评价工具，甚至缺乏统一的客观标准来评价学生的作文（王鹤琰，2016）。国外写作评价工具研发相对成熟，例如，美国国家评估监管委员会开发的 NEAP 写作评估框架和美国西北教育实验中心研制的"6+1 特质"写作评估标准等在国际上应用广泛。这些评价工具各有特点，但并没有一个在写作类型、适用对象和评价方式上完全符合本研究的需要，因此本研究在借鉴现有写作评价工具的基础上，制定了一个适用于分析本研究中听障学生叙事文质量的评价方法，本文将之称为"叙事文写作评价方法"（Narrative Writing Assessment，NWA）。

下面从评价方式、评价内容、评分标准、应用举例和信度五个方面说明该评价方法。

5.5.1.1 评价方式的选择

写作评价是写作教学中的重要一环。在已有研究中，认可度较高的评分方式主要有三种，分别是整体性评价、主要特征评价和分析性评价（Smagorinsky，2019）。

整体性评价重在对文章的整体质量做出评估，而不特别关注某个部分。它通常将文章分为若干等级，并列出每个等级对应的评分细则和分数范围。这种评分方式的优点在于"兼顾经济性与效度"（White，1984），既具有较高的评分效率，又能够反映文章的整体质量。因此这种评价方法常用于大型写作测试中，例如，美国国家教育进步评价（National Assessment of Educational Progress，NEAP）和我国中考、高考中的写作测试。但整体性评价只给出作文的等级或整体分数，无法反映作文在不同维度上的具体表现。

主要特征评价聚焦于作文的某些具体特征，而不像整体性评价那样关注作文的整体表现。这种评分方式可以根据不同的研究目的或关注点，考查作文在特定方面的表现，从而使评价更具针对性。因此主要特征量表较多用于日常教学实践或特定研究中对写作某方面的特点进行评价。

分析性评价则是选取几个具有代表性的维度（如题材内容、组织结构、语言表现等），每个维度分别评定分数，同时可以将不同维度的分数总和作为文章的总分。这种评分方式需要评分者花费更多的时间与精力，效率相对较低，但其优点是具有更强的诊断性，能够反映写作者在不同维度上的写作表现，从而有助于评估写作者的长项与弱项。此外，分析性评价方式也被证明对第二语言学习者较为适用，因为他们在写作各个方面的发展很可能是不平衡的（Dunsmuir，et al.，2015）。

以上三种写作评价方式各有优缺点及适用的范围，究竟哪种评价方式更适合应该视评价的目的而定。就本研究而言，写作评价的目的是了解听障学生在经过构思策略教学之后，文本质量是否有变化，具体哪些方面发生了变化？因此评价方式既要能够反映学生作文的整体质量，又要能够反映其在不同维度上的水平，以便为我们分析写作教学的具体成效提供更为丰富的信息。综上考虑，分析性的评价方式更适用于本研究。

5.5.1.2 评价内容的确定

（1）参考依据

本研究在确定评价内容时，主要考虑以下三个方面：一是聋校语文课程标准中对写作的要求；二是本研究中教学干预的目标；三是权威写作评价标准的评价内容。

① 聋校语文课程标准中对写作的要求

《聋校义务教育课程标准·语文》（下文简称《课标》）是教育部于2016年发布实施的专门为听障学生制定的语文系统学习标准，是聋校实施语文课程的重要参考依据。虽然本研究的学生已经进入职高阶段，但其语文教学层次还处于四至八年级，因此《课标》中的写作要求对我们具有参考意义。《课标》中对聋生写作教学总体目标与内容的阐述如下："能根据日常生活需要，运用常见的写作方式，表达自己的见闻、体验和想法，做到明确、具体、语句通顺。"这段说明中对写作文本提出的基本要求是"明确、具体、语句通顺"，第三学段（七至九）年级的目标与内容中对此做了进一步说明："努力做到中心明确，内容具体，感情真实，语句通顺""根据内容表达的需要，分段表述”。由此可见，《课标》中对听障学生作文的要求主要涉及内容和语言表达两个层面，同时也对文章的组织结构有一定关注。

② 本研究中教学干预的目标

本研究以叙事文作为教学体裁，进行以构思策略为重点的写作教学，旨在帮助学生更好地管理写作构思过程，以产生更加丰富的写作内容，并将这些内容有效地组织起来。构思的内容与质量最终会体现在写作文本中，因此我们主要期待学生在内容层面（如写作主题的表达、素材的使用等）和组织层面（如文章结构的组织、叙事的连贯性等）上的进步。与此同时，有效的构思能够降低学生写中阶段在发展和组织内容方面的认知压力，从而有可能使之将更多的注意力分配给语言表达，因此也宜将语言运用情况纳入分析。

③ 权威写作评价标准的评价内容

在已有的评价标准中，目前国内最具权威性的是高考作文评价标准。根据中国教育考试网公布的语文考试大纲和高考阅卷中参考的作文等级评价标准（张开，2018），高考作文评价分为基础等级和发展等级，其中基础等级主要考查内容和表达两个层面，内容层面关注题意、中心、内容（材料）、思想、感情等 5 个方面，而表达层面关注文体要求、结构、语言和字迹等 4 个方面，发展等级则考查深刻、丰富、有文采、有创意等 4 个特征。

此外，由美国教育部和国家教育统计中心监督研制的 NAEP 写作评估框架，以及由美国西北教育实验室（NWREL）研发的作文要素评价量表在世界范围内有较高的认可度（蔡敏、张小亭，2014；王鹤琰，2016 等），对本文也有较大的借鉴意义。NAEP 写作评估框架（2017 年版）根据交际目的把写作分为“以说服为目的”“以解释为目的”“以表达体验为目的”三类，其中与叙事文写作直接相关的是“以表达体验为目的”的写作。对此类型的写作，NAEP 从内容的发展（development of ideas）、内容的组织（organization of ideas）、语言能力与规范（language facility and conventions）三个层面进行评价。内容的发展方面主要关注体验的深度与复杂性、例子和感官细节的选用、写作方法的运用；内容的组织方面主要关注主题的聚焦、组织结构的逻辑性、内容的过渡等；语言能力与规范方面则涉及句子结构的控制、词语的运用、语态和语气的使用，以及语法、惯例和书写机制等方面的正确性。NWREL的作文要素评价量表也被称为“6+1特质”写作评价标准，主要从内容（ideas）、组织（organization）、语气（voice）、遣词（word choice）、通顺（sentence fluency）、规范（conventions）和书面呈现（presentation）7个从上万份“优秀作文”中总结出来的写作特征进行评价，这7个要素下面又分别设定多个评价指标。

以上三个写作评价标准的基本框架见附录9。虽然这三个评价标准在评价方式、写作类型和对象的针对性等方面不完全适用于本研究，但作为经过科学研制且应用较为广泛的评价标准，他们在以下方面对本研究具有重要的借鉴意义：首先，尽管三者在评价内容的划分维度和精细度上各有不同，但大体都涉及内容、组织、语言运用和书写规范这四个层面。除书写规范外，其他三个层面也是本研究所关注的，因此这三个评价标准在各个层面所涉及的具体评价内容有助于我们细化评价方法。其次，这三个评价标准，尤其是NAEP写作评估框架（2017年版）和NWREL作文要素评价量表都对作文质量进行细致的等级划分，并对不同等级的作文表现做了细致的描述，这启发我们在设计评价方法时注意不同等级的区分度和精确描述。

（2）评价内容说明

在综合考虑《课标》要求和本研究中教学干预的目标，并参考权威写作评价标准的基础上，本研究拟从内容、组织和语言三个层面对学生的叙事文写作文本进行分析与评价。

《课标》中将写作定义为“运用语言文字进行表达和交流的重要方式，是认识世界、认识自我、创造性表述的过程”，说明表达与交流是写作的重要目的。NAEP写作评估框架（2017年版）也把写作视为一种交流活动，并把作文能否有效地实现写作目的和满足读者需求作为评价的核心（董书婷、刘正伟，2020）。借鉴这种“交流观”，本文将叙事文的写作目的理解为“写作者通过叙述具体的事件来与读者分享特定的经历或体验”，进而将叙事文评价聚焦于以下三个问题：①文章的内容是否为读者提供了充足的事件信息，并传达明确的意义？②文章的组织形式是否有利于读者了解事件的前因后果并理解主题？③文章的语言运用是否准确、生动，能否为读者提供良好的阅读体验？

下面我们将从这三个问题出发，对内容、组织和语言层面的评价内容进行具体说明。

① 内容层面

一篇文章能否为读者提供充足的事件信息并传达明确的意义，关键在于对主题的思考和材料的呈现。这两者也是现有写作评价工具在内容层面普遍关注的。因此本文从主题和材料两个方面评价叙事文的“内容”。

“在写作的过程中，各种思想、材料必须内聚成一个表达核心，才能进行具体的构思。”（张开，2018）这个“表达核心”即本文所说的主题，它是文章所要表达的中心思想，也是写作者希望与读者分享的最重要的内容。好的作品往往具有明确的主题，并围绕主题来选取和组织材料。就叙事文而言，写作目的并不仅仅是让读者了解事件的相关信息，更重要的是将写作者的独特经历或体验分享给读者。因此对叙事文主题要素进行评价，可以着眼于作品是否表达了具体且意义明确的经历或体验。

材料是指用于支撑主题的素材和细节，也是文章的血肉。合适而丰富的素材与细节能够提供充足的信息，以帮助读者深入领会作者想要表达的主题；反之，过于单薄或者无关的素材与细节则会阻碍或误导读者对主题的理解。因此，本文对叙事文材料要素的评价，主要着眼于两个方面，一是作品是否使用了充足的素材和具体的细节，二是这些素材和细节是否聚焦于主题。

② 组织层面

“组织是文章的内部结构、行文线索的安排以及材料的编排顺序等，是以比较、演绎逻辑以及情节和事件发展的顺序为基础的。”（蔡敏、张小亭，2014）就叙事文而言，其组织形式是否有利于读者了解事件的前因后果进而理解主题，关键在于能否把各个叙事要素按照合理的逻辑形式进行编排，形成清晰的内部结构，以及上下文是否衔接紧密，形成连贯的行文思路。因此本文从结构和衔接两个方面评价叙事文的“组织”。

结构是指写作者根据主题需要，对文章内容进行布局和展示的方式。良好的文本结构有助于读者加深对写作目的的理解，NWREL 作文要素评价量表将文本结构作为“组织”维度下的一个子要素，并从文章结构的完整性、紧凑性、清晰性，以及与文章主旨的相符度两个角度进行评价（王鹤琰，2016）。有鉴于此，本文对叙事文结构要素的评价，主要考虑叙事要素的完整性，以及其组织方式是否具有清晰的逻辑性，是否有利于读者理解主题。

衔接是 NAEP 写作评估框架（2017 年版）和 NWREL 作文要素评价量表在组织层面都十分关注的内容。它关系到上下文的连贯性，恰当的衔接能够使内容之间的联系更为紧密，从而更好地呈现作者的行文思路；缺乏必要的衔接则可能使内容变成一盘散沙。本文对该要素的评价，主要考虑作品是否使用了恰当的衔接手段，并呈现出连贯的行文思路。

③ 语言层面

语言是表达与交流的基础，所有的写作要素最终都会在语言上体现出来（杜国伟，2006）。因此，语言的运用水平会直接影响作品的最终呈现，进而影响读者的阅读体验。NAEP 写作评估框架（2017 年版）对语言表现的评价主要着眼于作者对句子、词语、语态和语气等语言要素的选择与控制是否有助显示内容之间的联系并支持写作目的，以及全文的意义是否清晰。也就是说，语言运用最终服务于写作目的与读者对文章的解读。因此，我们不对文章的词句进行逐字逐句的分析，而是依据全文的意义是否清晰，语言的表达是否有助于读者理解文章意义来考量语言运用的情况。

综上所述，本研究从三个层面五个具体项目对叙事文写作进行评价，形成以下基本框架：

评价项目		基本问题
内容	主题	作品是否表达了具体且意义明确的经历或体验？
	材料	作品使用的素材和细节是否充足并与主题相关？
组织	结构	作品的叙事要素是否完整性？各要素的编排是否具有清晰的逻辑性？
	衔接	作品是否使用了恰当的衔接手段，并呈现出连贯的行文思路？
语言		语言的表达是否清楚并有助于读者理解全文意义？

5.5.1.3 评分标准

在评分标准方面，本文借鉴同样采用分析性评分方式的 NWREL 作文要素评价量表，将写作样本在各个要素上的表现分为 6 个等级，评分时等级由低到高记为 0 ~ 5 分。

6 个等级在评分标准上循序渐进，每个等级都在前一等级的基础上，提出了进一步的要求。以“材料”这一要素为例：0 分表现为“没有内容，或者素材和细节与主题完全无关”；1 分表现为“素材和细节贫乏或不合适，不足以支撑基本的事件和主题”；2 分表现为“使用了一些相关的素材或细节，但材料较为单薄，未能完整展开事件；可能有较多的材料偏离主题”；3 分表现为“使用了一些合适的素材来展开事件，但缺乏足够的细节；可能有少数材料偏离主题”；4 分表现为“使用了合适的素材和具体的细节来展开事件，但材料还不够充实”；5 分表现为“使用了合适且充足的素材和细节来展开事件”。

上述“材料”要素评价的着眼点为：作品使用的素材和细节是否充足并与主题相关，以满足读者获取信息、理解主题的需要。0 ~ 3 分的作品在这方面都有明显的不足，但不足的程度逐步减弱；4 分的作品基本能够满足读者的需要，只是材料还可以进一步充实；5 分的作品则提供了合适且充足的素材，能够较好地满足读者的需要。

其他要素的具体评分标准见表 8。

表 8　叙事文写作评价方法

评价项目		评分标准	分数等级
内容	主题	充分地表达了具体、深刻的经历或体验。	5
		清楚地表达了具体、有意义的经历或体验。	4
		基本表达了具体、有意义的经历或体验。	3
		表达了一些具体经历或体验，但意义不太明确。	2
		表达了少数宽泛而不具体的经历或体验，且缺乏明确的意义。	1
		基本未表达任何经历或体验。	0
	材料	使用了合适且充足的素材和细节来展开事件。	5
		使用了合适的素材和具体的细节来展开事件，但材料还不够充实。	4
		使用了一些合适的素材来展开事件，但缺乏足够的细节；可能有少数材料偏离主题。	3
		使用了一些相关的素材或细节，但材料较为单薄，未能完整展开事件；可能有较多的材料偏离主题。	2
		素材和细节贫乏或不合适，不足以支撑基本的事件和主题。	1
		没有内容，或者素材和细节与主题完全无关。	0
组织	结构	叙事要素完整，并且清晰、严密地组织在一起，能够帮助读者深入地理解主题。	5
		叙事要素基本完整，并且较为清晰地组织在一起，能够帮助读者理解主题。	4
		叙事要素基本完整，组织结构基本清晰，但也有一些不合理之处令读者感到困惑。	3
		缺少 2 ~ 3 个叙事要素，有一定的组织结构，但不够清晰，令读者感到较为困惑。	2
		缺 3 ~ 4 个叙事要素，或者组织结构松散，令读者感到很困惑。	1

续表 8

评价项目		评分标准	分数等级
组织		缺少大部分的叙事要素，或者结构十分混乱，令人难以理解。	0
	衔接	衔接恰当，呈现出连贯的行文思路。	5
		衔接基本恰当，呈现出较为连贯的行文思路。	4
		有一些必要的衔接，虽然有时不太恰当，但内容之间的关系基本是清晰的。	3
		有一定的连贯性，但经常缺少必要的衔接，内容之间的关系常常显得不清晰。	2
		缺乏整体的连贯性，但少数时候能够使用一些恰当的衔接手段。	1
		内容零散或混乱，基本未显示出任何恰当的衔接手段。	0
语言		语言较为准确、生动，可能有极少数错误，但全文的意义较为清晰。	5
		语言基本准确，有一些错误，但基本不影响读者理解。	4
		语言有一些错误，有时会令读者困惑，但不影响全文的理解。	3
		语言有较多错误，常常会影响读者阅读，但大致能理解全文的意义。	2
		语言错误很多，严重影响读者对全文的理解。	1
		语言无法理解。	0

3.5.1.4 叙事文写作评价方法的应用举例

下面以 2 篇作文样本为例，对叙事文写作评价方法的具体使用进行展示说明。

作文样本一

我战胜了困难

我们有遇到每个人有疫情好困难，第一次我们看到新闻通知疫情到了。

白衣天使来到保护我们中国要决定战胜，还没结果，我们中国困难。

希望中国慢慢好好起来，白衣天使能战胜

① 主题（1 分）：该文尝试表达疫情见闻，但没有写出具体的经历或体验，未能体现出明确的主题。符合“表达了少数宽泛而不具体的经历或体验，且缺乏明确的意义”这一标准。

② 材料（1 分）：该文的内容围绕“疫情”展开，但素材和细节都非常单薄，基本没有展开相关事件。符合“素材和细节贫乏或不合适，不足以支撑基本的事件或主题”这一标准。

③ 文本结构（0 分）：该文只简单提及事件起因（“疫情到了”）和相关的人物（“我们”“白衣天使”），缺少其他叙事要素，未能构成完整的事件。符合“缺少大部分的叙事要素，或者结构十分混乱，令人难以理解”这一标准。

④ 过渡（0 分）：该文内容零散，段落之间与段落内部缺乏必要的衔接与过渡。符合“内容零散或混乱，基本未显示出任何恰当的衔接手段”这一标准。

⑤ 语言（1 分）：该文大部分的句子都存在结构问题，虽然不至于完全无法理解，但读者需要花费较大力气来尝试理解其语义。符合“语言错误很多，严重影响读者对全文的理解”这一标准。

作文样本二

一件温暖的事

生活中有很多事情会让我们的内心感到温暖。

——题记

周五的下午，太阳明媚，十分舒适，就像过得夏天的炙热似的，我快步地离开学校的门口，走在去艺术高中公交车站的路上。

到达艺术高中公交车站里，等待地看手机上的十八路车到哪儿了?这时，我妈妈突然地发微信给我说："茹茹，你今天还要上班吗?"就像每个妈妈关爱自己的孩子似的。

我不慌不忙地上十八路车了，这时，经理又发微信给我说："到哪儿了呢?"我先发给妈妈，然后又发给经理。

因为我永远爱妈妈，所以妈妈永远是我第一位，又到达华发新城公交车站，我赶紧地下了车，再上二十五路车到华发商都站了，又走在 KFC 的路上，这就开始上班了。

员工姐姐看到我来了，才和我招招手，我轻轻地关上了门，穿了一身的员工服，又戴上了员工帽，值班经理大喊地对我说："穿好了吗?"就这样地去洗手，配餐给客人吃，直到晚上八点下班了，两小时半到了家里，晚上十点多，人不是特别多，也不是人山人海，我就像胆小的女孩怕黑似的。

我打开房门口，看到妈妈在等我来了，一起吃，妈妈善意地说："终于来了，这些晚餐很热噢！不然就冷了！"

这时，我的内心感到温暖，妈妈对我的爱，我特别感动，看到这些晚餐都是我喜欢吃的，一股有着我喜欢的味道呀！

妈妈不容易，以后一定要孝顺对你关爱的妈妈！

①主题（4 分）：该文讲述自己与妈妈之间的故事，通过妈妈对自己的日常关心来表现她所给予的温暖的爱。虽然对妈妈及相关事件的刻画较为单薄，主题表现并不充分，但整体而言，读者能够清晰地领会作者想要传达的意义。符合“清楚地表达了具体、有意义的经历或体验”这一标准。

②材料（4 分）：该文选取了兼职上班途中妈妈发微信关心自己，以及晚上下班妈妈在家等候自己吃饭等情节来表现妈妈的爱；同时也有一些细节的描写，比如开头的环境描写、下班路上的情景与感受、回到家开门瞬间妈妈的反应等。但是对这些情节和细节的叙述与刻画都较为简略，展开不够充分，还不足以有力地支撑主题。基本符合“使用了合适的素材和具体的细节来展开事件，但材料还不够充实”这一标准。

③结构（4 分）：该文较为清楚地交代了主要事件发生的时间（周五下午和晚上）、地点（上下班途中、家里）和主要人物（我、妈妈），按照时间顺序讲述了事情的起因、经过、结果，并表达了自己的感受。整体而言，叙事要素完整，并且组织结构较为清晰，大致符合“叙事要素基本完整，并且较为清晰地组织在一起，能够帮助读者理解主题”这一标准。

④衔接（4 分）：该文虽然有少数不连贯之处，例如，“直到晚上八点下班了，两小时半到了家里”一句后面描写的是路上的情景和感受，而非“家里”的情形，内容衔接不上；但全文能够合理地运用关联词（如“因为……所以”“又”“再”等）、替代与省略等多种衔接手段，整体显示出较好的连贯性。因此符合“衔接基本恰当，呈现出较为连贯的行文思路”这一标准。

⑤语言（4 分）：该文的语言表述虽然存在错误之处，但全文表意较为顺畅，多数情况下不影响读者的阅读。符合“语言基本准确，有一些错误，但基本不影响读者理解”这一标准。

5.5.1.5 叙事文写作评价方法的信度

评价工具的信度是指在不同的条件下利用某种评价工具收集评价对象的信息是否一致和稳定（万伟，2011）。根据经典测试理论，不同评分员使用评价标准时的误差可能影响评价结果的一致性，因此不同评分员间的一致性水平是反映评价工具信度的重要指标。在测评实践中，通常以评分员间一致性信度作为主观测试的信度（黄霆玮，2019）。使用叙事文写作评价方法对听障学生的写作样本进行评价时，评分员对评分标准的把握具有一定主观性，不可能做到完全一致。为保证评价的可靠性，本研究通过评分员间一致性来分析叙事文写作评价方法的信度。具体操作步骤如下：

（1）由本书作者与 1 位语言学专业的高校教师、1 位博士后研究人员担任评分员，并在评分前进行培训，以保证所有评分员都熟悉叙事文写作评价方法的使用方法。

（2）将收集到的听障学生叙事文写作样本匿名化处理，由 3 名评分员分别进行独立评分。

（3）使用 SPSS 28.0 软件对 3 名评分员的评价结果进行相关分析。由于评分者多于 2 人，本文采用肯德尔协同系数计算评分员在五个评价项目和总分上的一致性水平。计算结果如表 9 所示：

表 9　叙事文写作评价方法的评分员间一致性信度（肯德尔协同系数）

评分员 N=3　写作样本 n=20

评价项目	主题	材料	结构	衔接	语言	总分
肯德尔协同系数	.926	.936	.925	.881	.897	.962
渐进显著性（双侧检验）	＜.001	＜.001	＜.001	＜.001	＜.001	＜.001

肯德尔协同系数的取值范围为 0 ~ 1，当评分者意见完全一致时，为最大值 1；当评分者意见完全不一致时，为最小值 0（温忠麟，2016）。通常认为，肯德尔协同系数在 0.6 ~ 0.8 之间说明一致性程度较强，0.8 ~ 1.0 之间说明一致性程度很强（李兴盈等，2022）。从上表可见，本研究中 3 名评分员分别使用叙事文写作评价方法对 20 份写作样本进行评分，五个评分项目和总分的肯德尔协同系数皆高于 0.8，并且显著性水平都小于 0.001，因此评分具有很

强的一致性。这说明，使用叙事文写作评价方法对听障学生的叙事文写作文本进行评价，具有较好的信度。

作文样本的最终分数采用以下原则评定：

（1）各项分数：在初次评分的基础上，2 名及以上评分员分数一致的，以一致的分数作为最终分数；3 名评分员分数皆不一致的，由评分员重新商定。

（2）总分：由最终评定的各项分数相加得出。

5.5.2 访谈数据的编码与分析

本研究采用质性文本分析方法中的主题分析法，借助质性分析软件 MAXQDA 2020 对学生和教师的访谈资料进行编码与分析。根据访谈材料的特点，本研究采用主题分析中常用的推论—归纳式类目建构方法（Kuckartz，2017）确立编码的类目。

具体操作如下：

第一步，参考 Kuckartz（2017）列出的转录规则，并结合听障学生访谈的特殊性，制定了本文转录的主要规则（见表 10），将访谈录音转录为文本并进行复核和匿名处理，文本统一保存为 .docx 格式，以便导入 MAXQDA 软件。

第二步，仔细阅读访谈文本，撰写备忘录，形成对资料的初步理解。

第三步，根据研究问题，从访谈提纲中提炼出“写作经历”“构思情况”“学习体验”3 个主要的类目，对资料进行初步编码。

第四步，根据初步编码后的访谈资料，归纳式地创建次类目和子类目，并进行二次编码，将每个主类目下的文本段归类到子类目中。

第五步，基于编码结果对访谈资料进行分析与呈现。

表10　访谈资料转录规则

1. 在翻译员忠实转述研究者问题的情况下，为避免信息重复，只转录前者的表述。
2. 翻译员未口头翻译的内容根据现场笔录进行整理，并用中括号标识。其中手语皆转译成汉语书面语。
3. 没有实质意义的搪塞语（如“然后”“这个”等）和重复话语不进行转录。
4. 尽量保证语言和标点符号通顺、规范，以符合汉语书面语要求。
5. 访谈者使用的赞成或肯定的声音如“嗯”“啊哈”等，只要没有打断受访者的谈话就不转录。
6. 其他个体或受访者给出的任何反对意见均转录在括号内。
7. 受访者的所有用于支持或澄清话语的声音如大笑或叹气等，均转录在括号内。
8. 现场的干扰现象，如电话铃声等，均列在括号内。
9. 一切能识别出受访者身份的信息都匿名处理；对话开头以字母I代表访谈者，以下列字母代表被访谈者：H（小惠）、A（小艾）、K（阿康）、Y（小英）、W（阿伟）、L（L老师）。

5.5.3 其他数据分析

其他数据中，需要特别说明的是书面构思笔记的分析。本研究收集的书面构思笔记主要是学生在课堂写作测验中自主产生的记录、提纲或草稿。我们主要考察构思笔记所涉及的构思内容和策略使用情况。

5.6 伦理规范说明

在学术伦理道德方面，本研究尊重每一位参与者的意愿，并尽最大努力保护他们的权益。具体措施如下：

首先，在研究开始前，向每一位参与者发放《研究知情同意书》（见附录4），具体告知研究的基本内容和参与者的权利，并强调本项研究遵循自愿原则，参与者可以自主决定是否参与或者中途退出研究。其中学生的知情同意书在确认本人意愿后，由家长签署。

其次，对写作文本的收集、访谈的录音、课堂的录像以及这些资料的使用，皆提前告知，并经过研究参与者及学生家长授权。

再者，对参与者的信息绝对保密，为此，我们在研究过程中使用化名或字母代号来指称参与者，并确保其真实信息不被泄露或辨识出来。

最后，收集到的所有资料仅作为学术研究或教育活动使用，绝不用于牟利或其他无关的活动。

除了通过以上措施保障参与者的权利外，在整个研究过程中，研究者与授课教师逐渐建立起相互合作、密切交流的关系，并与学生保持平等交流，因此研究得以在融洽的氛围中开展。

第 6 章　支架式构思策略教学模式的教学干预结果及讨论

在使用支架式构思策略教学模式进行教学干预的过程中，本研究通过写作测验、师生访谈和教学观察等方式收集了相关数据，并从启聪班听障学生的学习成效（即写作表现，包括文本表现和构思表现）和学习体验（包括学习成效感知和学习过程体验）两个角度分析了干预的结果（数据收集情况和分析方法见 5.4 节和 5.5 节）。本章对分析结果进行呈现及讨论。

6.1 写作表现

本研究从写作结果和写作过程两个角度分析学生的写作表现，既关注其文本表现，也关注写作过程中的构思表现。在文本表现方面，主要通过定量的方式，分析文本长度，文本整体质量和内容、组织、语言三个层面质量在教学前后的变化；在构思表现方面，主要采用定性的方式，分析学生在构思策略的使用和构思内容的产出等方面所产生的变化。

6.1.1 文本表现

课堂即时条件下的写作测验能够相对客观地反映学生的写作水平。在本研究中，我们使用自主研制的针对听障学生叙事文写作的评价工具“叙事文写作评价方法”（详见 5.5.1 节），对启聪班学生在 4 次课堂写作测验中所创作的叙事文样本进行评分，展示他们写作文本质量的变化轨迹，并探讨支架式构思策略教学对其文本表现的影响。分析结果显示：随着教学干预的推进，启聪班学生文本长度明显增长，写作质量也逐渐提升，其中组织和内容层面的提升幅度尤为显著；与此同时，不同学生在发展轨迹上存在一定的个体差异。下面具体进行说明。

6.1.1.1 文本长度和整体质量随教学推进而提升

写作文本的长度与整体质量是作者综合写作水平的重要体现。在 4 次课堂写作测验中，启聪班学生的叙事文样本长度整体呈增长的趋势（见表 11）。与此同时，写作样本的平均得分逐渐提高，标准差呈降低趋势（见表 12）。教学干预前（以“写作 1”为探测点），写作样本总分的均值仅为 M=6.20（满分为 25 分）；教学干预过程中总分均值逐渐提高，并在干预结束时（以“写作 4”为探测点）达到最高点 M=15.60，比干预前提高了 9.4 分。写作样本总分的标准差整体则呈降低趋势，教学前的标准差为 SD=7.463，而教学结束后标准差缩小为 SD=4.393。

以上结果说明，总体而言，支架式构思策略教学对启聪班学生叙事文的长度和整体质量产生了积极作用。一方面，随着教学的推进，写作的长度和整体质量逐渐提升，积极效果逐渐加强；另一方面，经过教学干预后，学生之间的差距也有所减小。

表 11　写作样本的长度

单位：字

作者	写作 1（教学前）	写作 2（单元一）	写作 3（单元二）	写作 4（单元三 / 教学后）
小惠	386	365	447	524
小艾	360	533	477	467
阿康	10	283	222	374
小英	79	119	172	352
阿伟	46	138	71	176

表 12　写作样本总分的均值与标准差

样本来源	写作 1（教学前）	写作 2（单元一）	写作 3（单元二）	写作 4（单元三 / 教学后）
均值（*M*）	6.20	11.40	14.20	15.60
标准差（*SD*）	7.463	6.066	7.120	4.393

6.1.1.2 内容和组织层面的提升幅度尤为明显

分析不同写作层面的表现有助于了解支架式构思策略教学对听障学生文本表现的影响具体体现在哪些方面。图 11 展示了写作样本在内容、组织和语言三个层面的均值变化，从变化趋势可以看到：随着写作教学的推进，写作样本的质量在内容、组织、语言等层面上均逐渐提高。具体而言，内容方面，教学前平均得分 *M*=2.4，教学后逐渐提升为 *M*=6.4，提升幅度约为 167%；组织方面，教学前 *M*=2.2，教学后逐渐提升为 *M*=6.2，提升幅度约为 182%；语言方面，教学前后平均得分从 *M*=1.6 最终提升为 *M*=3，提升幅度约为 88%。

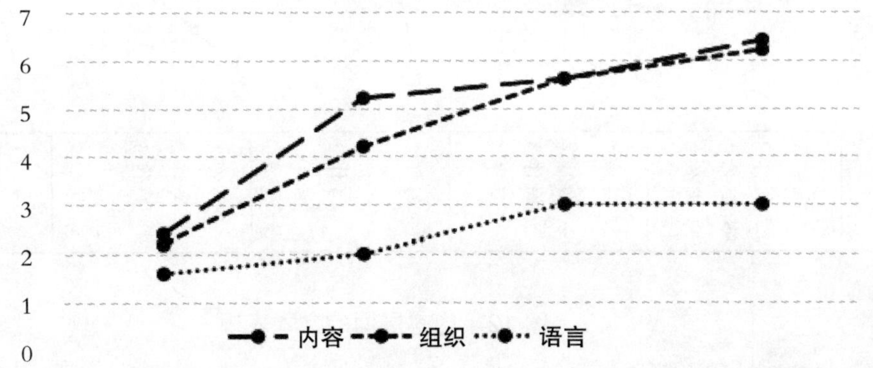

	写作 1	写作 2	写作 3	写作 4
内容	2.40	5.20	5.60	6.40
组织	2.20	4.20	5.60	6.20
语言	1.60	2.00	3.00	3.00

图 11　写作样本在不同层面的均值变化

由此可见，对于启聪班学生总体而言，支架式构思策略教学对其写作的各个层面皆有积极影响，其中对内容和组织两个写作层面的促进尤为突出，对语言层面的影响则相对较小。对每位学生表现的具体分析也显示了这一点。

（1）内容层面

从图 12 可以看到，在教学干预前，学生在内容层面的表现均不理想。满分 10 分，阿康和阿伟都是 0 分，表现最好的小惠也只得到 6 分。经过教学干预后，阿康和小艾都在“写作 2”中显示出明显进步，并保持稳定，最终“写作 4”相比“写作 1”分别提升了 4 分和 6 分；小英一直保持稳定的提升，最终比教学前提升了 4 分；小惠和阿伟有一定的波动，但最终也分别比教学前提升 2 分和 4 分。

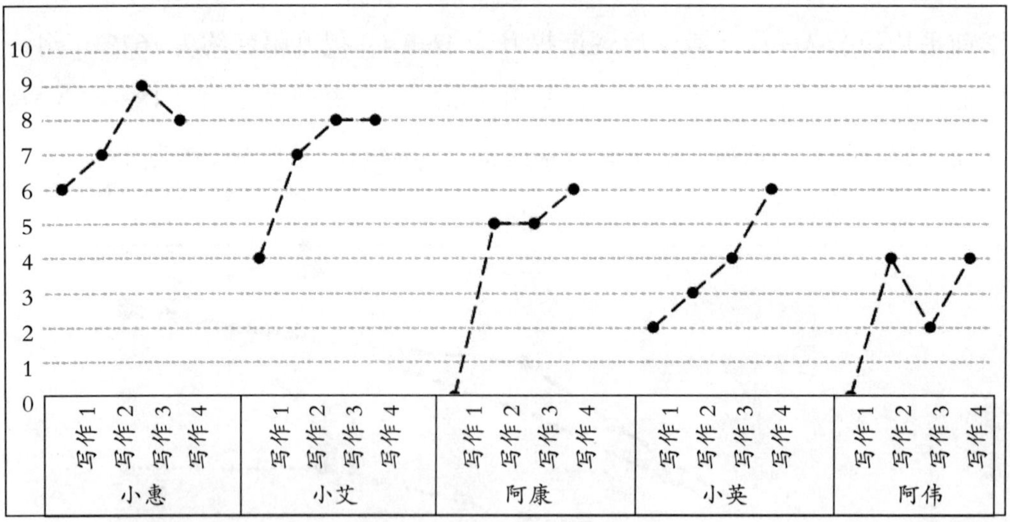

图 12　内容层面的文本表现

下面以“写作 1”和“写作 4”中小英的写作样本为例，直观地呈现教学前后内容层面的表现。

作者：小英 / 批次：写作 1（教学前）

我战胜了困难

我们有遇到每个人有疫情好困难，第一次我们看到新闻通知疫情倒了。

白衣天使来到保护我们中国要决定战胜，还没结果，我们中国困难。

希望中国慢慢好好起来，白衣天使能战胜

作者：小英 / 批次：写作 4（教学后）

一件温暖的事

早上出门，陌生人奶奶刚迷路找不到哪里，勇敢要艾特我说：“怎么”听不见，陌生人问了：“孩子，我现在什么地方？”我来送陌生人奶奶回家，要帮帮陌生人奶奶。拎东西累了，我来拿陌生人的东西，我叫陌生人奶奶跟我带路上找一找什么区，然我说：“陌生人奶奶，这个是不是你家？”陌生人奶奶刚摇头了，我说好吧，再去看看找一找了，最后陌生人奶奶刚指着是我家了，我帮扶起陌生人奶奶上去过去，我放东西陌生人奶奶家，给我喝茶，我说谢谢了。陌生人奶奶刚露着微笑说：“孩子，你好漂亮哇。”我用礼貌语，我再开心，谢谢陌生人奶奶关心，送我喝纯牛奶，我说：“不用了不用了，是我应该做的。”最后陌生人奶奶说“好孩子啊”，夸夸我！

说完后，陌生人奶奶说“注意安全”，我知道了，我自己会回家了啦，下楼后是我第一次帮助一次，好开心，好开心再散散走回家喽！

本文从主题和材料两个方面评价叙事文内容层面的表现，主要关注作品是否表达了具体且意义明确的经历或体验，是否使用了充足的素材和具体的细节来展开事件并支撑主题。

上述第 1 个写作样本尝试叙述抗疫的故事，但全文内容单薄、宽泛，既缺乏具体鲜明的个人体验，也缺乏能够形成基本事件的素材，因而在主题和材料方面都只勉强得到 1 分，内容层面合计 2 分。

第 2 个写作样本在内容层面明显充实了不少。该样本通过“我”帮助迷路的“陌生人奶奶”回家的事件表达了助人为乐的体验，主题基本鲜明；素材和细节虽然还不够丰富、生动，但能够支撑完整的事件，并且其中一些细节（如帮老奶奶拎东西、扶老奶奶进门以及婉拒老奶奶的答谢等）有助于表现主题，因此在主题和材料方面各得到 3 分，合计 6 分。该样本虽然还有不小的提升空间，但无论是主题的表达，还是材料的支撑，相比第 1 个样本都已经有质的改变。

（2）组织层面

图 13 展示了写作样本在组织层面的变化情况。从图中可以看到，教学干预前，除小惠在组织层面的表现较好以外，其他学生得分均较低。而经过教学干预后，这四位同学的得分都有较为明显的增长。

教学前，小惠在组织层面得到 8 分，表现远超其他同学；小艾得到 3 分，其他 3 人都只是 0 分。经过教学干预后，阿康和小艾在“写作 2”中显示出明显进步，并保持稳定，最终“写作 4”相比“写作 1”分别提升了 4 分和 6 分，同样与他们写作整体质量的发展情况一致；小英和阿伟分别在“写作 3”和“写作 4”中才出现明显变化，最终分别提升了 7 分和 3 分。与此同时，起点较高的小惠却并没有表现出明显的进步，可能的原因在于她相对其他同学而言在组织层面上的进步空间较小。

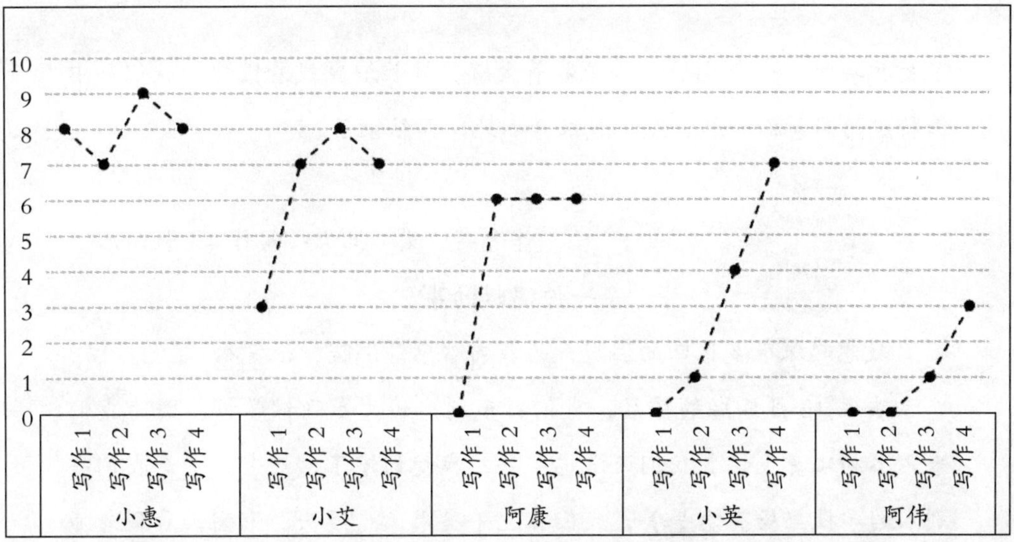

图 13　组织层面的文本表现

下面以“写作 1”和“写作 4”中小艾的写作样本为例，直观地呈现教学前后组织层面的表现。

作者：小艾 / 批次：写作 1（教学前）

我战胜了困难

以前我遇到困难的时候，有一天老师带着我去乒乓室，老师教我学打乒乓球，我心里想有一点不会打乒乓球，我从没过了打乒乓球。我没想到老师选择我和他去参加比赛打乒乓球，我正在认真看老师动作，我一直在练打乒乓球，慢慢地变得学会了，我和老师一起打乒乓球，老师对我说：“你棒！”鼓励我。我坚持练打乒乓球，我不怕苦了。

等到秋天的时候，我们在学校运动会，老师带着我们和中山特殊的同学去二楼乒乓室，老师把公开谁对谁战乒乓球，我紧张地擦布乒乓拍，我们正看梁同学对中山特殊的男同学战打乒乓球，中山特殊的女同学一起聊天，我对她说几年练打乒乓球，她说九年练了，我从小到大练乒乓球，我惊讶地说你好害厉，非常好棒专心地打乒乓球。我们五天练了打乒乓球，一会儿校长给她戴着金牌，校长给我戴着银牌。我们和中山特殊的同学们一起合照，我很开心地比赛结束了。

作者：小艾 / 批次：写作 4（教学后）

一件温暖的事

我想起深很多忆回的温暖，为我内心感到温暖，很幸福。

去年 12 月灿烂的早晨，我们打车到广州比赛飞镖学校、因为我们来是参加比赛飞镖。我们还没吃早餐，我受到饿了，刘老师带着我们去别人的学校里场有卖早餐，我们在吃早餐米玉、馒头、粥粥，看到老师帮我们盛粥粥碗，粥粥碗里有烫烫，一会儿吃完早餐了。

我们满足饱饱来到飞镖场，很多选手飞镖员，可是我们每个人都有紧张了，为了老师专心来给我们鼓励或喊加油。下午我有比赛飞镖时有点紧张了，刘老师陪着我一起，我感受到很温暖。第一场我投飞镖针时失败，我不笑容地对给选手鼓励，然后刘老师（空两格）我说不紧张又不急着，松轻一点。我知道，第二场我就松轻地投飞镖针到红中心，我满足笑容地投飞镖，终于赢了，我向走抱紧刘老师，为我高兴了。最后第三场时，我心里想在说怎么失败，如果失败的话就马上要哭了，我断续投飞镖到一点，轮到选手女飞镖员非常害厉地投飞镖。我惊奇，我明白她在专心认真地比赛飞镖时，终于我投飞镖失败，比赛飞镖结束了，刘老师也地抱我很紧了。

比赛飞镖时我感受到温暖，也是选手很多对鼓励我们，也是老师为温暖地满足鼓励我们。

本文从结构和衔接两个方面评价叙事文组织层面的表现。结构上主要关注作品的叙事要素是否完整，各要素的编排方式是否清晰；衔接上主要关注作品是否使用了恰当的衔接手段，并呈现出连贯的行文思路。

上述第 1 个写作样本讲述了有关乒乓球比赛的经历，但是作者没能围绕

"我战胜了困难"这一话题来挑选和组织材料。一方面，该文虽然讲述了参加乒乓球比赛的完整经历，但全文结构松散，缺乏清晰的情节主线；另一方面，段落内的语句也缺乏必要的衔接，例如，画线部分句子之间的逻辑十分混乱、缺乏连贯性。因此结构和衔接分别得到 2 分和 1 分，合计 3 分。

第 2 个写作样本叙述了有关飞镖比赛的经历，题材与第 1 个样本相似，但作者能够围绕"飞镖比赛"和"温暖"等关键词来挑选和组织材料。从整体结构来看，情节主线较为清晰，时间、地点、人物、起因、经过、结果、感受等要素完整，较为清楚地讲述了飞镖比赛的过程以及"刘老师"在比赛过程给予"我"的鼓励和温暖；在衔接方面，段落之间具有一定的连贯性，段落内部虽然有时仍缺乏必要的衔接或者衔接不当（如第二段中画线的句子内部缺乏衔接，第三、四段中的关联词"可是""为了""终于""也是"等使用不当），但也在内容关键处使用一些恰当的衔接手段（如第三段中用"第一场""第二场""最后第三场时""比赛飞镖结束了"等词句进行呼应、衔接，清晰地串联起比赛经过）。因此结构和衔接分别得到 4 分和 3 分，合计 7 分。总体而言，相比教学前的第 1 个写作样本，教学后的写作样本在组织层面上的提升较为明显。

（3）语言层面的表现

如写作样本在不同层面的均值变化（见图 11）所显示，对于启聪班学生总体而言，支架式构思策略教学对其语言层面也有一定的积极影响，但程度并不如内容和组织两个层面明显。对每位学生表现的分析更具体地说明了这一点。如图 14 所示，在教学干预前后，启聪班学生语言层面的文本表现提升 0 ~ 2 分不等，其中阿康和阿伟最终也只得到 2 分，即表现为"语言有较多错误，常常会影响读者阅读，但大致能理解全文的意义"。

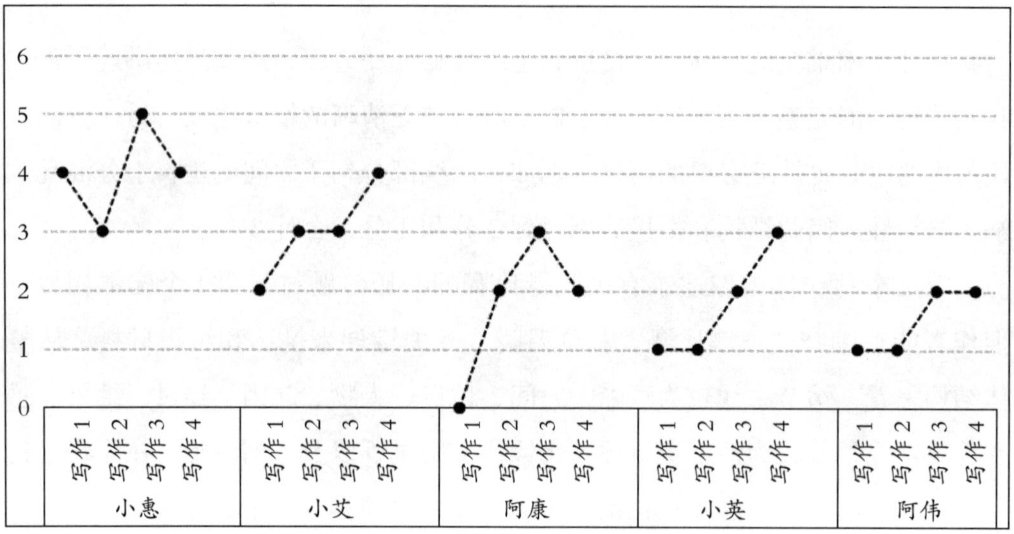

图14　语言层面的文本表现

综上所述，无论是启聪班学生的总体表现，还是个体表现，都表明基于支架式构思策略教学模式的干预对不同层面的写作表现具有积极影响，但这种影响并不是均衡的。从干预结果来看，虽然内容、组织和语言三个层面都有所提高，但组织层面和内容层面的提升更为显著，语言层面则相对较小。究其原因，主要与教学的目标及教学设计的侧重点有关。在教学前调研中，我们发现，听障学生在内容构思方面存在较大的问题，与此同时，语言表达能力的不足也在较大程度上阻碍了其内容产出，他们常常因为词语和句子产出的困难而阻碍了思路的发展，感到“无话可写”。实际上，构思阶段最主要的任务是内容的发展和组织，语言的具体表达则更多发生于构思之后的“转译阶段”（Hayes & Flower，1980；Kaufer et al.，1986），构思阶段过分关注语言表达的细节，容易影响构思的整体性与连贯性，使学生感到无法下笔。所以我们把“无话可写”的问题放在首位，引导学生通过有效的构思策略，合理地发展和组织内容，而不过多囿于语言表述层面。因此，教学后学生在语言层面的提升，相比内容和组织层面没有那么明显。这也启发我们，针对构思环节的支架式构思策略教学还需要与专门的语言教学以及其他写作环节的策略干预相结合，以帮助学生更好提升写作质量。

6.1.1.3 发展轨迹存在一定的个体差异性

尽管从总体而言，启聪班学生在经过教学干预后，叙事文写作的文本质量呈现了积极变化，但就学生个体而言，教学的效果显示于不同的阶段，表现出一定的个体差异性，这种个体差异性能够提供更多可供教学参考的细节信息。

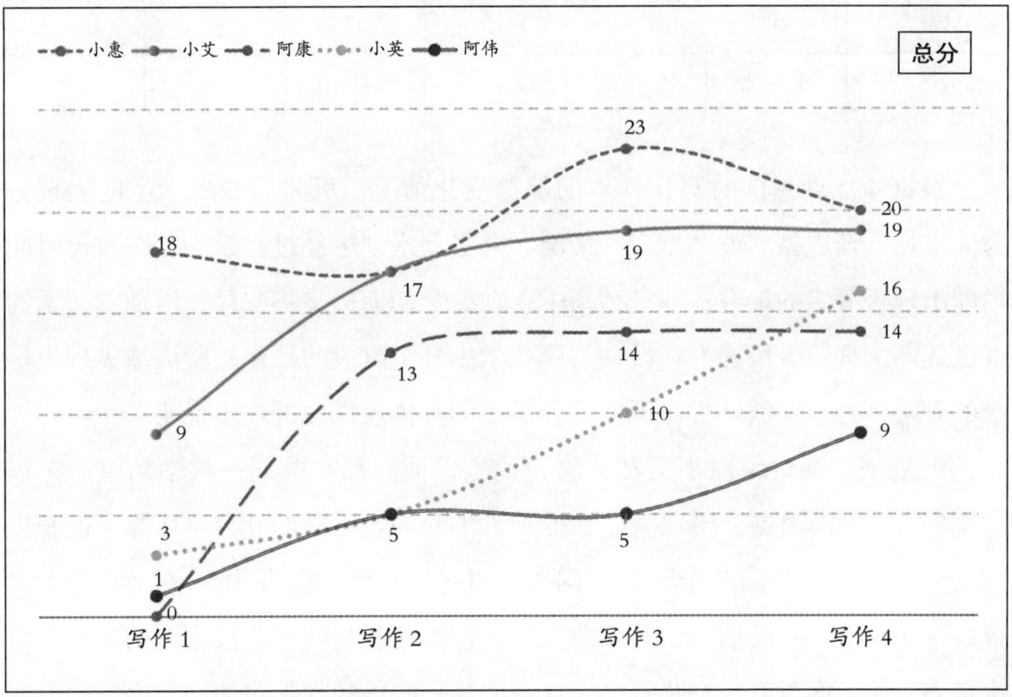

图 15　不同学生文本表现的发展轨迹

图 15 展示了启聪班学生在 4 次课堂写作测验中的个体表现，从曲线的变化可以看到：经过教学后，所有学生的写作表现都呈上升趋势，但发展轨迹有所不同。为衡量每位学生在写作质量上的整体变化，本文基于叙事文写作评价方法的评价规则，将每个写作样本划分为 A~F 六个等级，每个等级对应的总分区间如表 13 所示。等级的变化意味着写作样本质量的明显变化，鉴于写作质量是一个从量变到质变的过程，在评价学生的个体表现时，我们不仅关注其

写作样本得分的升降，更关注其是否发生等级的改变。例如，从“写作 1”到“写作 2”，小英的得分从 3 分变化为 5 分，得分虽提高了，等级并没有变化（都是 E 等），说明有进步但不明显；而小艾的得分从 9 分提升为 17 分，等级也从 D 等提高到 B 等，意味着其写作有质的飞跃。

表 13　基于叙事文写作评价方法的写作质量等级

等级	A	B	C	D	E	F
总分区间[①]	21 ~ 25	16 ~ 20	11 ~ 15	6 ~ 10	1 ~ 5	0

根据 4 次课堂即时写作样本的等级变化情况，可将启聪班学生的表现分为突进型、渐进型和波动型三种情况。突进型指学生经过教学后，在较短时间内即出现跨等级的提升；渐进型指学生在教学初期进步不明显，但随着教学的推进逐渐实现跨等级提升；波动型则指学生各个阶段的写作测验成绩表现出等级的升降，有一定波动性。下面结合学生的具体表现做进一步说明。

突进型。突进型以小艾和阿康为代表，他们都在单元一教学结束后（以“写作 2”为探测点）出现明显的提升。小艾从教学前的 9 分（D 等）提升为 17 分（B 等），提高 2 个等级；阿康从 0 分（F 等）提升为 13 分（C 等），提高 3 个等级。在随后两个教学阶段中他们保持着与前一阶段相近的水平并略有提高，但等级没有进一步提高。这说明第一阶段的教学对他们产生了较为明显的效果，并在后两个阶段得以保持和巩固。

渐进型。渐进型以小英和阿伟为代表，他们并没有在第一个教学阶段便实现等级提升，而是随着教学的推进逐渐表现出明显的进步。其中小英的表现格外典型，教学前，她在“写作 1”中的得分为 3 分（E 等）；单元一教学结束后，她在“写作 2”中的表现提升为 5 分（E 等），但没有跨越等级；单元二教学结束后，她在“写作 3”中的得分提升为 10 分（D 等），比前一阶

① 总分为三个维度五个分项得分之和，范围为 0 ~ 25 分。

段提升了 1 个等级；而单元三教学结束后，她在“写作 4”中的得分提升到 16 分（B 等），比前一阶段提升了 2 个等级。也即是说，从教学前到教学结束，她的写作表现共提升了 3 个等级。因此，对于小英和阿伟而言，教学干预并没有在一开始便产生立竿见影的效果，而是随着不同阶段教学的实施逐渐显露。

波动型。波动型以小惠为代表，她的写作测验成绩实现等级提升后，又回落到原来的等级。单元一结束后，她在“写作 2”中的得分相比“写作 1”下降了 1 分，但处于同一等级（B 等）；单元二教学结束后，她表现出较为明显的进步，在“写作 3”中得到 23 分（A 等），比之前提高了 1 个等级；但随后在“写作 4”中她的得分降为 20 分（B 等），又回落到原来的等级区间。这说明她在课堂即时写作中的表现虽有进步趋势，但还不稳定。

以往针对听障学生的写作干预表明，写作起点较低的学生通常具有更大的进步空间，从而可能在干预后表现出更大幅度的提升（崔亚冲，2022）。这一点与本研究数据呈现的结果基本是吻合的。例如，在启聪班听障学生中，基础最好的小惠提升的幅度是最小的，教学后写作成绩相比教学前只提高了 2 分；而其他几位基础较弱的同学则都有较大幅度的提升（8 ~ 14 分）。

但和崔亚冲（2022）只进行教学前后测不同，本研究还收集了教学中的写作数据，以呈现学生写作成绩变化的轨迹。从这些轨迹可以看到，学生不仅在写作成绩的提升幅度上有差异，变化的轨迹也呈现出不同的趋势。在提升幅度较大的 4 位学生中，小艾和阿康都在经过一个单元的教学后实现大幅提升；而小英和阿伟则在第二和第三个单元教学后才出现明显变化。可能的原因有两个，其一是小英和阿伟的语文教学层次低于其他两位同学，意味着他们的语文基础更弱，这可能导致他们对教学内容的理解和吸收更慢，从而需要更多的课时来进行学习；其二也与他们的学习态度有关，据 L 老师反馈，小英是走读生，学习的自觉性较低，常常以“忘带作业”为由逃避学习任务；在写作课上她一开始也是如此，随着课程的展开慢慢有所改变，在写作课上更加积极，对待写作任务也更为认真，在第二单元的一次课后练笔中，她还主动写了两稿。而阿伟对写作课的态度经历了从消极到积极的变化，教学前他拒绝参加访谈，而教学后访谈中则表示很喜欢写作课。上述个体差异说明，在实施写作策略教学干预时，要根据学生的不同基础和特点在教学上给予不同程度的关注，并且要创造积极的学习体验，使学生更好地参与到写作学习中。

6.1.2 构思表现

本小节综合访谈、构思笔记和写作现场观察的数据来分析启聪班学生教学前后的构思表现。相关数据表明，经过教学干预之后，启聪班学生在构思方面产生了积极的变化，具体表现在构思策略的使用和构思内容的产出两个方面。下面将呈现具体的分析结果。

6.1.2.1 教学前的构思表现

构思是一种复杂的认知活动，根据 Hayes 和 Flower（1980）对写作过程的分析，它涉及写作目标的设定、信息的检索与筛选、信息的组织等多个认知过程。写作者通过这些构思活动可以生成与写作主题、素材和文章架构等相关的内容。

以往研究表明，成熟的写作者通常会在写前阶段进行充分的构思（Spivey & King，1987；Carey et al.，1989）。本研究教学前的访谈资料和写作现场观察记录则表明，尽管启聪班的学生也在写作前花费了一定的时间，但并没有在该阶段进行有效的构思。具体表现在以下两个方面：

①构思策略贫乏，未能有效地管理构思过程

教学前，启聪班学生主要的构思表现之一是缺乏明确的策略来指导其构思过程。据了解，他们此前并没有接受过系统的写作策略训练，并且主要的写作经验来自写日记。升上职高后，语文任课老师要求他们一周写三次日记，让他们把“把白天发生的事情写下来，像写日记那样，要把白天记住的词语写下来”（F-A-1，位置 7），但没有提供具体的方法指导和写作要求。因此他们对写作策略（包括构思策略）缺乏了解，当需要围绕明确的写作目的和具体的话题进行构思时，往往不知道如何去做。

例如，在教学前的写作测验中，阿康动笔前“思考”了 31 分钟，最后的成稿却只写了一句话。在随后的访谈中，他沮丧地表示：“我不会作文。”（F–K–1，位置 37）当他谈及具体的写作困难时，理由是 “不知道想什么？不知道写什么？”（F–K–1，位置 80）这说明，缺少明确、适用的构思策略是他在写作上面临的主要困难之一，同时也是教学前测验中他没能进行有效构思的主要原因，因此他“苦思冥想”了半小时才动笔，最终却只写了一句话。

有的学生虽然有话可写，但由于缺乏明确的策略指导，并不能够熟练地发展和组织写作内容。例如，小艾在教学前测验中写出了 386 字的作文，并且有自己惯用的一些方法——回忆事件的经过、尝试把日常积累的好词好句用到作文中等。这能够帮助她顺利进入写作状态，但由于缺乏更有效的策略来发展和组织自己的想法，所以她只是把回忆起来的内容如实记录下来，最终的作文既缺乏明确的中心，也缺乏整体的连贯性和逻辑性。

②构思不充分，产出内容有限

与构思策略的缺乏相应，尽管不同学生在教学前测验中花费的“构思”时间长短不一，但共同的表现是构思阶段产出的有效内容十分有限。

根据现场观察记录，学生中最快开始动笔的是小惠，她在写前阶段只花了 1 分钟的时间，主要用于阅读写作要求，而后很快便进入写作，写前基本没有花时间进行构思，因此也没有具体的内容产出。访谈中她表示自己更喜欢“边写边想”，原因是先想好再写“会忘记”。阿康在写前阶段花费的时间最多，长达 31 分钟，但这并不意味着更充分的构思。相反，如下面的回顾性访谈内容所示，在这半小时中他几乎没有有效的构思产出，原因在于他没能围绕写作话题进行思考，而是处于一种“写作文很难”“都空在那里”的挫败感中。这也导致他的作文最终只写了一句话。

I：昨天李老师给你写作题目《我战胜了困难》，你昨天在写的时候，想了很久很久。把题目写完了，然后就坐在那，一直在想。你想到了什么？

K：想到写作文很难。[我] 只能写很短的句子，写得很短，都空在那里。[我]就想到空在那里。

I：有没有想到别的东西?

K：没有想到。

（F-K-1，位置 38-41）

另外一位学生小艾在写前阶段有一定的内容产出，但构思层次较浅，主要停留在“信息检索”阶段，而没能根据写作需要来筛选和组织相关信息。在动笔前，小艾思考了 9 分钟，根据回顾性访谈，其间她考虑了“以前发生过什么事情，有什么困难，然后怎么去战胜”（F-A-1 ，位置 8），随后想到并仔细回忆了以前参加乒乓球比赛的经历。通过对事件的回忆追溯，她获得了写作素材，却未能进一步考虑素材的选择与组织。例如，尽管她对参加乒乓球比赛的经历有一些印象深刻的细节（老师带她练习乒乓球的画面）和感受（练习很不容易；没有拿到冠军感觉很失败），并且这些细节和感受与写作话题（“我战胜了困难”）非常契合，但她并没有在作文中重点表现这些内容，而是写下了她能想起的关于这次经历的所有信息。

综上所述，教学前启聪班学生的构思表现并不理想，主要表现在两个方面：一是缺乏策略，不能够有效地管理构思过程；二是构思不充分，产出的内容十分有限。

6.1.2.2 教学后的构思表现

教学后的访谈、构思笔记及写作现场观察都表明，经过教学干预后，学生在构思策略运用和构思内容产出方面的表现皆有所提升。具体表现如下。

（1）构思层面的策略性行为得到发展

教学后学生在构思层面的重要变化之一是策略性行为得到发展，在构思阶段变得更加“深思熟虑”，能够有意识地运用构思策略来完成写作任务。

首先，在教学后写作测验中，启聪班学生使用了书面构思的方式，这在一定程度上反映了其策略应用的情况。虽然每次写作测验前我们都发放了草稿纸，并提示学生可以在纸上进行构思。但在教学前测验中，没有任何一位学生留下书面笔记；而在教学结束后的测验中，所有学生都不同程度地做了构思笔记（见表 14）。书面构思笔记是构思活动的外化形式，虽然作者通常不会把所有构思活动都表现在笔记上，但笔记能够在一定程度上呈现构思的情况，尤其是构思的重点和策略的使用情况。从表 14 可以看到，启聪班学生在构思阶段对写作的不同方面进行了仔细考虑。例如，小惠列出了清晰的叙事框架，并从不同感官维度发展了细节内容，这说明她在构思阶段对写作内容进行了整体的规划，至少包括基本的事件内容、组织框架和细节。又如，小艾则在草稿纸上列出了 4 个与话题相关的事件，并围绕其中一个话题列出了叙事要素，这说明她在构思阶段首先围绕写作话题收集了不同的事件素材，其次对事件素材进行了筛选，进而就所筛选的事件做了进一步构思，发展并组织了完整的叙事要素。总体而言，虽然启聪班学生通过构思笔记反映出来的策略行为数量和类型不完全相同，但相比教学前，他们更清楚在构思阶段需要做什么、可以怎么做，而这也是构思策略教学的主要目的之一。

表 14　启聪班学生在教学前后测验中的构思笔记内容[①]

学生	教学前测验	教学后测验
小惠	无	1. 细节描写框架（眼、手、耳鼻）和相应的内容 2. 结构框架（7 个叙事要素的名称）与具体的时间、地点、人物、起因、结果、感受 3. 个别词语：“炎热”

① 完整的构思笔记见附录 8。

续表 14

学生	教学前测验	教学后测验
小艾	“400 字”（作文纸单页格数）	1. 四个话题相关的事件 2. 主题“温暖的（老师）”与结构框架（7 个叙事要素的名称） 3. 若干字词和短语 4. 标记符号（在写作提示关键词下面画了线，并在“细节”二字下打了星号）
阿康	无	结构框架（7 个叙事要素的名称）与具体的时间、人物、地点
小英	无	1. 草稿 2. 标记符号（圈出了写作话题“一件温暖的事”中的“一件”）
阿伟	无	部分结构框架（3 个叙事要素的名称）

其次，在访谈中学生也自我报告了策略的使用。开始实施教学干预之后，我们进行了两次访谈，第一次在教学中间阶段（单元一之后），第二次在教学结束后（单元三之后）。在这两次访谈中，小惠、小艾和阿康三人都表示会在写作时使用课上学习的策略方法。并且后一次访谈中他们对自己在策略使用方面的变化都表达了明确的自我感知，例如：

H：会用这些方法了，第一个是知道去想写给谁看，然后知道想“叙事七巧板”。（F-H-3，位置 32）

A：会用“叙事七巧板”了，也会使用“细节放大镜”了。但感觉“细节放大镜”那个地方比较难一些，很多时候没用上，有点难。（F-A-3，位置 73）

K：想到了“叙事七巧板”。“叙事七巧板”上的会先想好，然后再写作文。（F-K-3，位置 17）

其他两位学生——小英和阿伟在策略发展方面相对落后，但同样随着教学的推进而表现出积极的变化。

小英在两次访谈中的反馈显示了她从借助支架来使用策略到独立使用策略的变化。在教学中间阶段的访谈中，她表示日常写作时能够想到写作课上学习的策略方法，但不会使用：

I：会不会想到这些方法？

Y：会想到。

I：那用吗？

Y：不会，不会用。

（F-Y-2，位置 134-137）

在评价自己的写作表现时，她则认为自己当天的作文写得不够详细，并表示只有借助“表格”（指构思提示表）才能把事件写清楚。这说明此阶段她可以借助视觉化支架进行构思和写作，但还不能在撤除支架的情况下独立使用构思策略。

I：今天你感觉自己写的作文一般，不详细，为什么？

Y：自己感觉写得少。

I：细节也写得一般，为什么？

Y：也少。感觉难，然后写得少。

I：你认为怎么样才能把经过写清楚？

Y：要用那个表格，作文课上发的那个表，上面有词语。

（F-Y-2，位置 87-93）

而在教学结束后的访谈中，她反馈了策略使用方面的积极变化，例如：“之前没想到，就是时间地点这样。[现在] 会整理了。”（F-Y-3，位置

75）结合写作测验中的表现来看，这个阶段的她相比此前，在策略使用的独立性上有所进步。上述访谈内容说明，在经过初步的教学干预后，小英对构思策略有一定的了解，但仍需要在借助构思提示表的情况下使用，无法在撤除支架后独立运用；而随着教学干预的深入，她最终能够更好地独立使用相关策略。

阿伟在两次访谈中都没有自我报告策略的使用情况，构思笔记也较为零散，说明其策略发展还不成熟。但是据L老师反馈，他在语文阅读课上会自发地使用在写作课上学习的策略知识来分析文章：

L：我在平常上语文课时观察，我上次不跟你说吗么，像学习《爬天都峰》那个课文的时候，我让他（指阿伟）读的时候，他就已经有意识地把时间、地点、人物等画出来，就像我们上课（指写作课）读那个范文那样。

I：他自己主动画出来了？

L：对，自己主动画出来。他已经习惯了，但是他没有意识到自己是在用这个方法。

（F–L，位置57–59）

写作与阅读密不可分，阿伟能够把写作策略迁移到阅读中，说明尽管他的策略发展还不成熟，但已经具备一定的策略知识和策略性行为，在后续教学可以进一步发展、强化。

（2）构思内容更为充实，层次更加丰富

与策略性行为的发展相应，启聪班学生在构思阶段的内容产出上也发生了积极的变化。

相比教学前，小惠改变了直接动笔的习惯，倾向于在写前进行更充分的整体构思。例如，在教学结束后的访谈中她表示近期的写作习惯是“先想一想再写”，与此相应，在该阶段写作测验中，她动笔之前先进行了12分钟的书面构思。构思笔记（见表14）显示，她整理了基本的叙事要素，并从眼、手、耳、鼻（即视觉、触觉、听觉和嗅觉）四个角度考虑了细节描写。

阿康则改变了“下笔难”的窘境，能够在写前阶段使用策略来产出并组织具体的想法。例如，在教学结束后的访谈中他表示现阶段写作文之前会先考虑作文题目和写什么，并且能够借助“叙事七巧板”等支架来构思具体的内容：

> I：那你会想什么呢？写作文之前会想什么？
>
> K：想题目。
>
> I：还有什么？（……）会不会先想一下我要写什么事情？
>
> K：会想。
>
> I：昨天刘老师让你们写那个《我流泪了》，你想到了什么事情？
>
> K：想到了自己写作业。
>
> I：然后呢？还有吗？
>
> K：想到了“叙事七巧板”。“叙事七巧板”上的会先想好，然后再写作文。
>
> （F-K-3，位置 10-17）

上述陈述与他在该阶段写作测验中的表现是一致的。这次测验他动笔之前的用时也不短（26 分钟），但不再是陷于“写作文很难”“都空在那里”的焦虑中，而是进行了具体的构思。根据写作后的补充调查得知：动笔前他思考了跟话题相关的事件，想到自己帮助同学被老师鼓励，他为此感到温暖，所以决定写这件事。与此同时，书面构思笔记也显示了他对叙事要素的考虑。他在笔记上列出了七要素的完整框架，并具体填充了其中的时间、地点和人物。

小艾更加重视写前构思，并且构思的内容和层次更为丰富，在想法的发展和组织方面都有明显的进步。例如，在最后一次写作测验中，她用 11 分钟进行了书面构思。构思笔记显示，她考虑了多个主题事件，并从中选择了一个，在写作后的访谈中她表示，选择的理由是“事件的发生时间比较近，记忆较为清晰”；此外，她也考虑了细节素材（在写作要求中“细节”二字下画线并打了星号）、叙事要素（笔记中列出了七要素的框架）与语言的表达（列出了若干词语）。与教学前测验相比，她用于写前阶段的时间只多了2分钟，但构思的内容和层次有了质的提升。

其他两位学生中，小英在构思内容上也有明显的变化。教学前访谈中她表示自己写作时会“想很多”，但“写不出来”（F-Y-1，位置74），她把这归因于字很多、很难。其教学前测验的文本表现也较差，长度只有79个字，且缺乏完整的叙事要素和连贯的逻辑。而教学后，她虽然在文字表达上同样具有困难：“不知道怎么用文字来写”（F-Y-3，位置32），构思表现却有了很大变化。例如，在最后一次写作测验中，她在构思阶段形成了85个字的草稿，草稿中包括了人物以及相对完整的起因、经过和结果；随后她在作文纸上将草稿扩展为352字的作文，成稿内容与草稿中的事件轮廓一致，且做了较多的补充和扩展。可见，尽管基础语言文字能力的限制是客观存在的，但当她把更多的精力放在内容的构思上时，也能给写作表现带来积极的变化。

综上所述，经过基于支架式构思策略教学模式的干预后，启聪班的学生在构思策略的使用和构思内容的产出上产生了积极的变化。一方面，他们在构思层面表现出更成熟的策略性行为。尽管不同的学生在策略使用上的具体表现和发展程度并不完全相同，但相比教学前，他们更加重视构思，更清楚构思阶段需要做什么、可以怎么做，并且能够有意识地运用构思策略来帮助自己完成写作任务。另一方面，在可观察的写作测验中，他们进行了比教学前更充分的构思，构思阶段产出了更加丰富的写作内容。

策略教学的主要目的是通过改善学生的写作行为来提高其写作水平（Graham & Perrin，2007）。对于构思上存在困难的学生而言，明确的构思策略教学能够帮助他们学习熟练写作者的构思方式，从而改善构思表现和写作质量（Graham，1997b）。在本研究中，我们通过明确的策略教学来帮助听障学生了解如何根据写作任务的要求进行构思，并使用策略助记图、构思提示表等工具支架和讨论、示范、共建、互评等社会支架来帮助他们应用和内化有关构思的策略知识。从干预结果可以看到，教学后学生在不同程度上改善了构思方式，从而也相应地在构思阶段更有效地产出内容。与此同时，正如以往研究所表明的，改善写作者的构思方法和构思过程，有助于提高其写作质量（Flower & Hayes，1980；Graham，1997b 等），就本研究中的听障学生而言也是如此。联系 6.1.1 节所分析的文本表现可以看到，学生在构思表现上的改善最终也反映在写作结果上，使他们在不同程度上提升了写作文本的质量。并且不同学生在构思策略上的发展情况与他们文本质量的发展轨迹在很大程度上具有一致性。以小艾和小英为例，小艾的策略发展相对更快，文本质量也在更早的阶段实现跨等级提升，呈现出“突进”的轨迹；而小英对策略的掌握相对较慢，在教学后期才表现出独立使用策略的能力，与此相应，她的文本质量则呈现出“渐进”的发展轨迹。由此可见，经过教学干预后，听障学生在文本质量上的提升与其构思方式的改善是密切相关的。这也说明，支架式构思策略教学模式的干预能够通过改善听障学生的构思表现来提高他们的写作质量。

6.2 写作学习体验

考察一种教学模式是否适用于特定学生群体，不仅要衡量该模式能否提高学生的学习成效，也需关注其能否给学生带来积极的学习体验。本节关注支架式构思策略教学模式是否有助于提升听障学生写作学习的积极体验，主要着眼于学习成效和学习过程两个层面，了解学生对学习成效的自我感知，以及学习过程中的感受和评价。

6.2.1 学习成效感知

在 5.1 节中，我们把启聪班的学生及其作品放置于客体的位置来观察其写作文本和构思表现的变化，结果表明两方面都有较好的成效。但从学生的主体体验出发，他们是如何感知自己及同伴的学习结果，又是如何看待这种结果的呢？这是本小节所要探讨的问题。

6.2.1.1 文本长度的增加与策略使用信心的增强

在教学后访谈中，我们请学生评价自己与同伴的写作表现，所有学生都给出了积极的评价，认为相比原来有所进步。谈到进步的具体表现时，学生的关注点与提及频次如表 15 所示。

表 15　启聪班学生对进步表现的感知

关注点	文本长度	策略使用	文本内容	写作速度	语言表达
频次	8	7	4	1	1

从表 15 可以看到，在学生在评价自己或同伴的写作表现时，提到最多的是文本长度，即作文字数增多了。例如：

I：你现在的作文，相比以前，有什么不同？

A：[现在写得比以前快，也比以前多。]

（F-A-3，位置 112-113）

“无话说”是听障学生写作的一个常见问题，教学前本研究的学生写作时也有“不知道写什么”之感，写出来的作文篇幅短、内容少。经过构思策略教学后，他们在文本长度方面有了较大幅度的增长，这种变化又是十分直观的，因而学生对此有明显的感知。他们在感到写作比以往容易的同时，也看到了产出内容的增加，从中获得了“写作有进步”的信心。

除了文本长度以外，学生提到最多的进步表现是构思策略的使用，即掌握了写作构思的方法。例如：

I：什么进步，有什么进步？

H：会用这些方法了，第一个是知道去想写给谁看，然后知道想

"叙事七巧板"。

I：用了这些方法，自己的作文有没有变得更好？

H：有。

I：什么地方好？感觉自己的作文有什么进步？

H：原来写的时候不知道写什么，现在知道，会去想。

（F-H-3，位置 31-36）

由此可见，学生对写作的信心不仅仅来自文本质量的提升，同时也来自于策略的使用。在学习构思策略之前，"写的时候不知道写什么"；而掌握策略之后，知道写什么，"会去想"。学生把这种变化视为写作进步的表现，说明在他们的感知里，这些策略确实在帮助他们更好地开展写作。

从上述学生对学习成效的感知可以看到，经过构思策略教学以后，启聪班学生的写作信心得到了提高，这种信心主要来自文本的变化和策略的使用。

6.2.1.2 写作难度的降低

启聪班学生对学习成效的积极感知还体现在写作难度感知方面。

在教学前访谈中，除了小惠表示写作不难以外，其他学生在写作中都感到较大的困难。谈及对写作的感受，"很难""不会写"等字眼频繁出现。阿伟没有参加教学前访谈，但在教学后访谈中也表示"原来太难了"（F-W-3，位置 38）。

对于听障学生来说，导致写作难的重要原因之一是语言文字的障碍，参与本研究的学生也是如此。访谈中每位学生都提到语言表达方面的困难，例如，"忘了生字""忘了词怎么去写""字也很难，字也写得不好""字很多，不知道怎么去写"等。

除此以外，他们也面临内容产出上的困难。在访谈中，学生习惯于把"写日记"和"写作文"对立起来，认为前者简单而后者难。例如：

I：你感觉，写作文，难不难？

A：今天这个难。以前那个写日记不难。

I：今天为什么难呢？

A：有很多东西会忘记，就是很多事情忘记了。那个日记呢，就很简单。

（F-A-1，位置 39-42）

究其原因，在以往的日记写作经验中，他们只需把当天发生的事情记录下来即可，对构思的要求比较低；而围绕特定话题展开的叙事文写作需要他们从以往的生活经验中提取、筛选并组织信息，这对构思具有更高的要求。在缺乏必要体裁知识和有效构思策略支持的情况下，学生基于写日记的经验来感知话题写作，会在内容产出上感到较为困难甚至是无所适从。例如，小艾认为写日记很简单，而写作文时“有很多东西会忘记”（F-A-1，位置 42）；阿康则感觉写作文时“不知道想什么，不知道写什么”（F-K-1，位置 80）。

就以上情况来看，本研究中的听障学生在语言表达和内容产出两个方面都有明显的困难，并且前者在一定程度上给后者带来了阻碍。例如，据研究者观察，学生平时在写作过程中经常会停下来思考或者询问教师某些汉字的写法以及某些词语的汉语表达，从而导致思路的中断。虽然语言表达对于写作的重要性不言而喻，但对于写作新手来说，有效的内容产出是更为重要的前提，如果学生在构思过程中过多关注语言细节，难免会分散注意力。尤其对于汉语基础较弱的听障学生来说，从汉字、词汇到语法都存在较多问题，写作过程中对语言层面的过多关注不仅会阻碍其构思过程，也会加深其挫败感。针对这种情况，在教学中，我们鼓励学生把更多的注意力放在内容的产出上，首先重视内容的整体构思而非语言的表达；与此同时，支架式构思策略教学模式提供了策略上的支持，并通过教学支架帮助学生实施构思活动，以改善“知识性陈述”的习惯，尽可能克服内容产出与组织方面的困难。

从教学后的效果来看，尽管语言文字的困难一定程度上仍困扰着学生，但构思方面的改善使他们对写作难度的整体感知有所降低。例如，教学后小艾认为写作文比原来“容易很多”，虽然表达上仍有困难，“常常忘记好的句子或词语”，但构思上变容易了，“感觉想的时候没有那么难了”（F–A–3，位置 35–39）。表示“原来写作文太难了”的阿伟也在难度感知方面有积极变化，现在的他“可以想到一点点，想到写什么事情”，所以自我感觉写作文“不难”（F–W–3，位置 37–40）。

6.2.2 学习过程体验

在教学后访谈中，针对“是否喜欢上作文课”的问题，所有学生也都给出了正面的反馈，其中包括学期初对写作课持消极态度的阿伟。如 L 老师在访谈中所描述的，阿伟对写作课的态度变化是几位学生中最明显的：“原来是非常排斥。第一次让他来参加写作的时候，‘我不参加，我打死不参加’，现在他很喜欢上作文课。我上课的过程中发现他跟同学的互动啊，还是师生之间的互动都会变得很多。”（F–W–3，位置 103）对写作课的态度变化也反映在阿伟对待访谈的态度中，第一次邀请他参加访谈时，他非常排斥，甚至因老师和同伴的劝导而生气；而教学后的访谈他却十分配合，当问及如果下学期仍然开设写作课，他是否愿意继续参加时，阿伟立马给出了肯定的回应。

关于喜欢写作课的理由，学生给出了不同的答案。除了小惠本身对写作感兴趣，表示“很喜欢写作文”以外，学生们对写作课的积极体验主要来自策略学习的获得感和同伴之间的互动与支持。

6.2.2.1 策略学习的获得感

如 6.2.1 节所述，构思策略的掌握与使用提升了启聪班学生对学习成效的积极感知。与此同时，这也有助于提升学生对写作课堂的积极体验。访谈中有 3 位同学对写作课的正面评价都与策略的学习直接相关。例如，小艾喜欢写作课的理由是“可以让自己的作文写得很好”，她认为写作课上学习的方法对自己有很多帮助，比如“以前不会用到这些感官的。原来写一些事情很平，没有感受。现在感觉细节放大镜帮助很大”（F–A–3，位置 81）。阿康和小英也都认为写作课能够帮助自己学习写作方法，其中阿康还表示：“希望老师多多教

我们怎么写作文，这样就感觉作文比原来简单一些。”（F-K-3，位置 32）

启聪班的学生普遍对写作课有明确的价值诉求，希望通过写作课来掌握方法，从而提高自身的写作水平。作为听障学生，他们在生活中也有许多机会需要与健听人进行沟通交流，例如，参加课外活动的时候：

> L：其实我知道一些，她（指小艾）之前会去参加很多摄影活动。摄影活动是一个相当于使聋人完全地融入普通人的生活中的一个活动。还有时候他们会带着她去公园帮游客拍照什么的，她需要主动地去跟别人沟通，但是别人是不懂手语的，所以这个时候她需要用手机打出文字，然后跟别人交流，这个时候很需要用到书面的表达。
>
> （F-A-3，位置 59）

L 老师提到的摄影活动除了小艾以外，其他几位同学也都参加了。他们除了在活动过程中有与人交流的需求以外，还有自我表达的需要，比如参加活动后学生会发微信朋友圈来抒发自己的活动感想。此外，小英家里开饭店，经常会帮忙招待客人；小惠在肯德基打工，需要与客人沟通；小艾喜欢通过微信朋友圈分享自己的生活；等等。这些时候，书面文字就成为他们与人沟通、表达自我的重要手段。

支架式构思策略教学模式把构思策略作为教学重心，通过视觉化和互动性的教学支架为学生提供明确的构思策略支持，帮助他们有效地展开写作过程中最为基础也最为关键的构思一环。在课程学习过程中，学生感知到自己正在学习或者已经掌握有效的策略。而当他们在写作中使用这些策略时，他们也能感知到写作难度的降低和写作表现的提升（如 6.2.1 节所述）。这种策略学习上“有帮助”的获得感提供了鲜明而积极的课程体验。

6.2.2.2 同伴间的互动与支持

启聪班的 5 名学生之前在参加语文课程学习时，按照不同的学业成绩分成了两个层次。上课时虽然身处同一个教室，但授课教师会安排不同的教学内容，分别进行教学。因此，不同层次的学生之间很少有机会进行交流。而在写作课上，我们采取了不同的方式，让5名学生同时参与课堂。这样做固然有课时限制的因素，更重要的是以下原因：首先，支架式构思策略教学模式强调学生对教学的参与，我们希望学生可以通过课程学习形成一个相互支持的写作社群，不同层次的学生同时参与到课程中有利于形成更丰富的交流；其次，支架式构思策略教学模式给学生提供了充分的参与空间，通过一系列的社会支架来促进社群内的人际互动，并通过社会支架和工具支架的协同作用提供有力的学习支持，因此不同基础的学生都可以对课堂有贡献。从实施情况来看，本教学模式确实促进了教学过程中的交流，尤其是同伴间的互动与支持，而这种互动与支持进而提升了学生的学习过程体验。

同伴间的互动与支持突出体现了支架式构思策略教学模式中的社会支架对听障学生写作学习的积极作用。在教学过程中，讨论、共建和互评等社会支架都提供了同伴互动的机会。例如，“讨论”支架通常在激活背景知识和分析范文时使用，教师往往先设置关键的问题，由学生进行思考与讨论，这些问题的答案通常会在学生的相互讨论、发言与补充中逐渐完善；“共建”支架在练习构思策略时使用，即学生针对同一话题，在教师的引导和构思提示表的支持下共同完成构思；而“互评”支架用于习作点评时，每次完成课后练笔，启聪班的学生都会交换阅读习作，并给出自己对同伴的评语与建议。

虽然在架设互动性的教学支架时，教师的作用无疑是突出的（Bruner，1976），但来自同伴的支持也能够发挥重要的作用，并且和教师支持的非对等性不同，同伴间的支持通常是相互且对等的（Puntambekar，2021）。就本研究而言，社会支架所提供的同伴支持为启聪班学生带来的积极体验尤为鲜明、丰富。这些积极体验至少来自以下三个方面。

（1）优秀同伴的激励作用

启聪班的5位同学表现出的共同品质之一是善于欣赏同伴的优点，在写作课上他们常常会为同伴的优秀或进步感到开心，并由此受到激励。这方面表现最明显的是阿伟，原本排斥写作课的他随着教学的实施明显改变了态度，在教学后访谈中他多次提及优秀同伴对他的鼓舞作用。例如，他很喜欢同伴互评作文，理由之一是“喜欢看别人比我厉害，然后向别人学习”（F–W–3，位置63）。在习作互评时，他非常喜欢读小惠和小艾的作文，为她们作文写的评语往往热情洋溢：

> 哇哦，我感觉到你是天才的人，还是你写得多好哇！你是最超级高兴！赞！赞！赞！（阿伟评小惠的作文）
>
> 哇，你真加油厉害，多 9 百字体，你想好微笑！微笑！朋友们看你真超级棒！你开心！有趣！（阿伟评小艾的作文）

这些评语充满个人情感，从中可以感受到他作为读者，在阅读同伴优秀作品时的情感激荡。在访谈中，他这样描述自己的感受：“喜欢看小艾的作文，看到小艾的作文进步那么多，也感觉到很幸福”（F–W–3，位置 44）。可见在课程学习的过程中，阿伟改变了一开始排斥、游离的态度，能够参与互动，对同伴的表现有所关注。在互动过程中，他并没有因为同伴的优秀表现而感到压力；相反，他从中受到了鼓舞，并产生了向对方学习的动力，这是一种非常明显的来自同伴的正面影响。

从其他同学身上，我们也能看到这种正向的激励作用。例如，阿康也非常喜欢同伴互评，理由是可以向同伴学习：“很喜欢看别人的作文，学习别人的作文，喜欢点评。”（F–K–3，位置 47）小艾认为同伴互评对她有较多的帮助，理由同样与优秀同伴的激励相关：“看小惠的作文感觉可以借鉴、学习她的方法，学习她是怎么写的。”（F–A–3，位置 100）

和阿伟一样，在其他同学写的评语中，我们也能感受到他们从同伴习作表现中所受到的鼓舞。当他们阅读喜欢的作文时，评语常常充满欣赏与羡慕之情。例如：

> 我觉得你这里作文跟很像读章文，好棒！……（阿康）

哇塞啊，我觉得读完好羡慕你是优秀的人……（小英）

哇哦！我觉得你特别写作文这么多，可是你写得很好哇！……我也是羡慕你是学霸的人。（小艾）

哇哦！看到你写的作文这么长，……非常棒极了！加油噢！小艾！（小惠）

在日常写作练习中，学生们针对同一话题进行写作，使用的素材通常是他们共同的经历或者熟悉的生活，因此他们在阅读同伴的习作时容易产生共鸣，对同伴作文的优点也有更明显的感知，“棒”“羡慕”等词语既反映了他们对同伴的肯定，也反映了以同伴为榜样的示范与激励作用。

（2）同伴作为读者的真实反馈

阿伟喜欢同伴互评的理由之二是“喜欢别人帮我写很多评语”（F-W-3，位置 70）。在互评中，同伴虽然不一定能够提出专业、中肯的意见，但每一位同学都会充当读者的角色，认真阅读一位或多位同伴的作文，并给予即时（手语）的评价或者书面的评语。有时候，同伴评语的字数甚至超过作文本身的字数。以课后习作《第一次坐过山车》的互评情况为例（见表 16），从作文字数和同伴评语字数的对比可以看出，每位同学都收到了丰富的同伴反馈。

表 16　课后习作《第一次坐过山车》互评情况

作者	作文字数	同伴评语的总字数
小惠	589	336
小艾	654	356
阿康	366	282
小英	161	248
阿伟	287	223

互评时最受欢迎的作者是小惠和小艾，她们的作文往往受到其他同学的

喜欢和夸赞。但即便是在同伴眼中写得不那么好的作文，也能收到真诚的意见。其中有的是鼓励、建议和共鸣，也有直接的批评：

我觉得读完了，你有一点进步，你很棒！希望你能写得作文有点进步，你继续写作文，也继续加油！（小艾评阿伟）

还可以，如果你能多写六百字。感受、细节放大镜就更好了，加油！（小惠评阿伟）

哎呀我去，我真好想要去你去过山车晚上放烟花，真漂亮啊！（小英评阿伟）

唉！这里你写的作文这么少，以后你要多多写作文的限数，好好学习……（阿康评小英）

同伴反馈的重要意义在于提供一个交流的空间，使学生的作文有机会被年龄、认知、经历等都相对接近的读者阅读，并得知他们的阅读感受。这种交流不同于指导性较强的教师点评，它是一种更随意也更平等的互动。当学生阅读同伴的作文时，他们站在读者的角度表达自己的阅读感受；反过来，当他们作为作者时，他们也渴望同伴的反馈，希望得到同伴的肯定。所以阿伟会在意同伴是否给他写了很多评语；小英会因为同伴的批评而伤心；小艾会因为同伴的夸赞而开心，同时也会听取同伴的意见，例如：

I：我看到很多的同学都在支持你，然后夸你好，会开心吗？

A：（腼腆地笑）

I：点评里面，有没有人告诉你什么地方需要修改？

A：有。经常写词语的时候，比如说“奋斗”会写成“斗奋”，会告诉我这个要换一下位置。还有时候会写一些错字。

（F-A-3，位置 103-106）

（3）同伴之间的协作互助

在教学过程中，“共建”支架为学生提供了协作的机会。共建的目的是帮助学生熟悉构思提示表等工具支架并练习如何运用策略，在课堂上教师会提供统一的话题，全班一起围绕该话题进行脑力激荡，共同讨论、完成构思环节。

这种互动形式也延续到了课堂以外。除了小英以外，其他 4 位同学都是住校生，当教师布置课后练笔时，他们常常会自发地相互讨论：“因为大家一天都在一起，然后放学也在一起，就会互相讨论。”（F–A–3，位置 134）例如，写《第一次坐过山车》时，他们会一起回忆事情的经过：“会讨论是怎么去玩的，那天发生了什么事情。”（F–A–3，位置 142）此外也会讨论“谁的想法好”“谁写得好”（F–A–3，位置 136、138）。

通过这种形式，学生可以相互提供灵感，从而产生更多的想法，共同克服构思阶段的困难。例如，小艾认为构思阶段的同伴协作能够在想法方面为自己提供帮助：“自己会想到一点点 。别人会跟我一起想，对自己也会有很多帮助。”（F–A–3，位置 132），而小惠则认为这可以使构思更顺畅：“大家一起说，构思的时候会很快。”（F–H–3，位置 41）

6.3 本章小结

本章从启聪班学生的写作表现和写作学习体验两个角度分析了基于支架式构思策略教学模式的教学干预对其写作学习的影响。分析结果表明，通过教学干预，启聪班的听障学生不仅提升了写作表现，并且获得了积极的学习体验。

在写作表现方面，学生的文本表现和构思表现都产生了积极的变化。首先，尽管不同学生的文本质量在提升幅度和速度上表现出一定个体差异性，但总体而言，经过教学干预之后，他们都写出了更长的文本，整体质量和不同层面（尤其是内容和组织）的表现相比教学前有较大幅度的提高。其次，教学后学生在构思层面表现出更成熟的策略性行为，能够有意识地运用构思策略来完成写作任务，与此相应，他们在写作测验中进行了比教学前更充分的构思，产出了更加丰富的写作内容。这说明支架式构思策略教学能够从文本质量和构思行为两个层面促进听障学生写作水平的整体提升。

在写作学习体验方面，学生获得了正面的成效感知和积极的学习过程体验。正面的学习成效感知主要体现在对写作表现的自我肯定（尤其是文本长度的增加和策略使用信心的加强）以及写作难度感知的降低。积极的学习过程体验则鲜明地体现在两方面：一是在以教学支架为支撑的策略学习中得到了构思技能上的获得感；二是在积极教学环境，特别是同伴之间的互动与支持下，不同层次的学生获得了充分的交流空间，从而更加积极地参与到写作学习中。有的学生甚至从一开始“打死不参加”转变为“很喜欢上写作课”。这说明，支架式构思策略教学模式的教学内容和教学方式能够帮助听障学生获得积极的学习体验，进而促进其写作学习。

第7章 结 论

支架式构思策略教学模式是本书针对听障学生设计的写作构思教学模式。该模式借鉴了其他写作教学模式（如面向健听学生的自主调控策略发展模式、写作认知策略教学，面向听障学生的策略与互动写作教学、过程与策略写作教学等）中关于构思策略教学的有效成分，例如，关注写作构思的认知过程、重视教学支架的作用和强调写作主导权的转移等。在此基础上，我们结合听障学生的认知特点和写作特点，以写作认知过程理论和支架理论为指导，构建了支架式构思策略教学模式的基本框架。该框架包括教学内容和教学方法两个部分，分别对应"教什么"和"怎么教"两个教学基本问题。教学内容部分主要涉及构思的三个基本环节——设立目标、发展想法和组织想法，并围绕这三个环节发展具体的认知策略；教学方法部分设计了两类支架——工具支架和社会支架，前者包括策略助记图、体裁知识助记图、构思提示表等视觉助记工具和写作范例，后者则包括"讨论""示范""共建""互评"。

为了考察支架式构思策略教学模式对听障学生写作学习的实际效果，我们和一所综合性特殊教育学校（Z校）的师生合作，以叙事文为教学体裁，在课堂教学情境中开展教学干预，并采用定性和定量相结合的方法对干预结果进行分析。定性方面主要采用访谈法和观察法收集收据，并借助 MAXQDA 2020 软件进行主题分析，以了解学生在教学前后的构思表现和写作学习体验；定量方面则于教学前、中、后实施了三次写作测验，并设计了"叙事文写作评价方法"，用以分析学生写作文本的质量变化。数据分析结果显示，基于支架式构思策略教学模式的教学干预在写作表现（包括文本表现和构思表现）和写作学习体验等不同层面均有积极影响。

尽管支架式构思策略教学模式仍需要在更广泛的教学情境中继续完善，但该模式的提出有助于丰富听障学生汉语写作教学的内容与方法，为特殊学校的一线教师开展写作构思教学提供切实的支持，进而帮助听障学生克服普遍存在的构思困难，提升写作质量。

7.1 支架式构思策略教学模式的适用性

支架式构思策略教学模式是面向听障学生写作课堂开发的教学模式，因此在教学内容和教学方式两个层面都考虑了对听障学生写作教学的适用性。

7.1.1 教学内容方面

在教学内容方面，支架式构思策略教学模式针对听障学生在写作高水平加工（尤其是产出和组织写作内容）层面的困难，以写作认知过程理论中关于构思过程及其认知机制的成果为参考，明确了各个构思环节的认知策略。听障学生听觉通道受限，因而对形象性思维有较强的依赖性，抽象思维能力的发展则相对受到限制，这种思维特征使得他们在面对复杂的认知操作时往往具有较大的困难。具体就写作而言，忽视构思、不会构思是听障学生中普遍存在的问题。他们在写作时，通常不懂得考虑特定的读者和写作目的，也不知道如何根据写作需求来收集、筛选和组织信息。针对这些困难，我们通过分析写作构思过程的主要认知任务，提炼出针对不同认知任务的构思策略，形成具有操作性的过程性方法。这些策略可以帮助听障学生明确自己在写作构思过程中应该做什么、可以怎么做，减少构思的随意性与盲目性，从而更有效地产出和组织写作内容。

7.1.2 教学方式方面

在教学方式方面，支架式构思策略教学模式考虑到听障学生在复杂认知操作上所面对的挑战和在视觉性思维方面的优势，借鉴建构主义学习理论中的支架理论，提倡通过多类型、分布式的外部支持来帮助学生建构、内化构思策略知识，并为此设计了两组工具支架和社会支架。这两组支架在教学情境中的作用是协同、互补的，它们通常可以相互配合使用，并在预设性和灵活性上形成互补，以充分发挥教学支持作用。其中工具支架中包含了较为丰富的视觉助记工具，这些工具能够发挥听障学生在视觉记忆方面的优势，帮助他们通过可视化的形象来理解抽象的思维模式。此外，听障学生在写作学习过程中，普遍存在“怕写”和“厌写”两种消极心理，具体表现为写作信心不足而畏难情绪明显，写作兴趣低落而缺乏学习主动性。为了帮助他们在学习中获得更加积极的体验，我们在设计社会支架时尤为注重师生之间和同伴之间的互动与支持。“讨论”“示范”“共建”“互评”这四种社会支架在鼓励学生参与到写作构思活动中的同时，可以通过参与者之间的互动来提供灵活的学习支持，以减轻“怕写”和“厌写”的心理负担。

7.2 支架式构思策略教学对听障学生写作学习的积极作用

7.1节从设计理念上说明了支架式构思策略教学模式对听障学生写作课堂的适用性。教学干预的结果则显示了该模式对听障学生写作学习具有积极作用，具体体现在以下三个方面。

7.2.1 改善了听障学生的文本表现

经过基于支架式构思策略教学模式的干预后，启聪班学生的文本长度和文本质量都有所提升。相比教学干预前，他们写作文本的长度都明显增加，与此同时，文本整体质量和内容、组织、语言三个层面的得分也都高于干预前，其中内容和组织层面的提升幅度尤为显著。这与教学内容的侧重点有关，支架式构思策略教学模式旨在帮助听障学生掌握构思策略，因此在策略设计上更侧重构思阶段的主要任务，即写作内容的发展与组织。学生写作文本在内容和组织层面的显著提升，一方面显示了策略的针对性和有效性，另一方面也说明构思策略教学对语言层面虽然有一定的积极影响，但作用相对有限，语言表达技能的培养仍需专门的训练。

值得注意的是，从整个教学干预过程来看，所有学生的写作表现都呈上升趋势，但文本质量的提升幅度和速度存在个体差异。在提升幅度方面，教学干预前写作基础相对较弱的学生有更大幅度的提升，这一点与崔亚冲（2022）的写作教学干预结果相似；在提升速度方面，语文教学层次较高的学生在更早产生明显进步。例如，语文教学层次为“七年级”的小艾和阿康都在第一个单元教学后出现大幅提升，之后保持在较为稳定的水平；而语文教学层次为“四年级”的小英和阿伟则在第二或第三个单元教学后才出现明显进步。虽然由于样本量较小，我们暂时无法在统计学上验证这种趋势，但这些个体差异显示了听障学生教学情境的复杂性，也显示了支架式构思策略教学对不同层次听障学生是如何在文本表现方面产生作用的。

7.2.2 发展了听障学生在构思层面的策略性行为

Graham 等（2005）认为，在评价写作策略教学的有效性时，除了要关注教学对学生写作质量的影响以外，观察学生的写作方式是否具有相应变化也很重要。就本研究而言，对写作方式的观察主要着眼于构思表现。

我们发现，经过教学干预后，启聪班学生在构思策略的使用上产生了积极变化。他们表现出更成熟的策略性行为，比如在写作测验中主动进行书面构思、在访谈中自我报告策略的使用等，这说明他们开始重视构思环节，并且更加清楚构思阶段需要做什么，能够有意识地运用相应策略来进行构思。策略性行为的发展也相应地带来了构思内容的变化，相比教学前，他们在教学后测验中表现出更充分的构思，产生了更丰富的构思内容。构思表现与文本表现之间具有密切的关系，两者的共同改善说明，支架式构思策略教学能够通过发展听障学生的在构思层面的策略性行为来提升其写作水平。

7.2.3 促进了听障学生的积极学习体验

许多研究认为，学习体验是影响学习者学习行为与学习成效的关键因素，同时也是衡量教学质量的重要维度（Wilson & Lizzio，1997；刘欢欢，2016）。已有研究基于不同的研究背景与问题，对学习体验内涵的界定和分析维度的选择不一而足，但共同的立足点是强调学习者的主体性，关注学习者在学习中的主观感受与认知，由此来理解学习者的学习行为或者反思教学。

相比健听学生，听障学生在写作学习中面临着更加普遍的困难，交流通道、汉语表达能力和学习资源等方面的限制容易导致他们在写作学习过程中产生负面感受，从而挫伤学习积极性并影响学习效果。因此在听障学生写作教学中，尤其需要倾听学生内心的声音，了解其学习体验。在本研究中，启聪班学生对学习成效的自我感知和学习过程中的主观体验都显示，支架式构思策略教学模式能够帮助他们获得积极的写作学习体验，从而提高写作信心与兴趣。

在学习成效感知方面，经过教学干预后，启聪班学生对自己和同伴的写作表现都给出了肯定的评价，其中对文本长度的增长和策略的掌握感知最为明显；与此同时，尽管语言文字的困难一定程度上仍困扰着学生，但构思方面的改善使他们对写作难度的整体感知有所降低，从而增强了写作的信心。

在学习过程体验方面，启聪班学生也从写作课上获得了积极的体验，这突出表现在两个方面：一是学生在以视觉化和互动性支架为支撑的策略学习中得到了构思技能上的获得感，这种获得感切合了他们对写作方法的价值诉求，使他们感到策略学习确实是“有帮助的”；二是不同层次、不同基础的学生能够通过积极的教学环境，尤其是同伴之间的互动与支持，在优秀同伴的激励、同伴作为读者的真实反馈以及与相互间的协作互助等因素的调动下，更加积极地参与到写作学习中，进而提高了写作兴趣。

7.3 本研究的贡献

7.3.1 探索了听障学生构思策略教学的可行性和有效性

目前国内学界针对听障学生写作认知层面的教学研究较少，对听障学生构思策略的发展更是缺乏关注。已有的研究工作较多关注听障学生在写作文本上反映出来的问题，却忽视了写作过程本身的重要性，很少从写作认知层面尤其是构思层面着眼去寻找问题的症结所在，因而也未能提出具有针对性的教学干预方法来帮助学生改善构思问题。

有鉴于此，本研究聚焦听障学生写作构思难题，在相关写作理论和教学理论的关照下，探索适用于听障学生写作课堂的构思策略教学方法，并在特殊教育学校中开展教学干预，以探索对听障学生进行构思策略教学的可行性和有效性。

本研究的结论立足于丰富的数据类型和多维度的分析方式。以往的写作教学干预研究主要关注学生写作文本的表现，对写作学习体验关注较少。本研究则通过写作文本、访谈和观察等多种类型的数据，从客观写作表现和主观学习体验两个维度，较为全面地分析了构思策略教学对听障学生写作学习的影响。分析结果显示，有效的构思策略教学不仅有助于改善听障学生的文本表现和构思表现，并且能够促进他们在写作学习过程中的积极体验，从而加强写作信心和写作兴趣。这一结果显示了对听障学生进行构思策略教学的可行性和有效性，可以为进一步开展听障学生写作认知过程和写作策略教学的研究提供参考。

7.3.2 丰富了听障学生汉语写作教学的内容与方法

在听障学生汉语写作教学领域，具有实证基础的教学理论和教学方法较为匮乏。本领域的研究大多把重点放在对听障学生写作特征尤其是文本特征的描述和分析上，提出的教学对策主要基于经验总结，缺乏系统性。此外，听障学生语言基础技能的不足被认为是写作表现不佳的主要症结，因此实际教学中往往强调遣词造句方面的操练，而对高水平认知层面的写作技能缺乏重视。

本研究系统构建了面向听障学生的支架式构思策略教学模式，是对听障学生汉语写作教学内容的拓展和教学方法上的创新。在教学内容方面，该模式聚焦构思这一写作关键环节，强调通过认知策略的学习帮助听障学生解决构思上的普遍困难，并设计了明确的构思策略内容。在教学方法方面，该模式突出了支架对听障学生写作学习的重要性，提倡通过工具支架和社会支架的协同、互补为听障学生提供系统而灵活的写作学习支持。

7.3.3 为听障学生写作课堂提供了实用性的工具和情境性的借鉴方案

当前市面上流行的众多写作教学方法与配套材料主要是基于普通学生的特点和需求而设计的，这些资源往往难以匹配听障学生的学习需求。听障教育领域的一线教师在开展写作教学时，对有针对性的教学方法和教学材料有较强的需求。本研究构建的支架式构思策略教学模式能够切合听障学生的写作学习特点和需求，并具有明确的教学框架和相配套的教学材料，针对性和适用性较强，听障教学领域的一线教师能够方便地应用于课堂教学中。

此外，本研究与一线教师合作开展教学干预，展示了支架式构思策略教学模式在具体教学情境中的应用情况。这一过程不仅证明了该模式的适用性，也为其他教师开展教学实践提供了情境性的借鉴方案。

7.4 本研究的局限与未来展望

受研究条件和精力所限，本研究还存在一些不足与局限，这也是后续研究可以进一步改进和深入的地方。

首先，本研究的样本量较少。由于本研究的对象为听障学生，学生类型较为特殊，通常分散在普通学校和特殊教育学校的不同年级中，因此很难在同一个学校的同一个年级中找到大样本量。此外受客观因素限制，研究期间未能跨校开展教学干预，这也限制了研究参与者的数量。未来在条件允许的情况下，将积极寻求跨校乃至跨地区的合作机会，通过在更丰富多样的教学情境中开展教学干预来进一步优化支架式构思策略教学并验证其可推广性。

其次，本研究所构建的支架式构思策略教学模式虽然可以用于不同写作体裁的教学，但由于参加本研究的听障学生语文教学层次参差，且整体写作基础较弱，教学前测验的成绩均不太理想，为保证教学质量，本研究在有限的教学课时中，只选择了最为基础也最为重要的叙事文作为教学体裁。后续研究将针对说明文和议论文等常见体裁开展教学，以进一步探讨支架式构思策略教学模式的适用范围。

最后，本研究没有采用写作认知研究中更为常用也更为直接的探测手段（如常用的有声思维法）来考察学生的构思表现，原因是特殊教育学校的听障学生通常无法流畅使用口语，加之抽象思维能力较弱，无法使用有声思维法。未来研究除了本书所使用的访谈法和观察法以外，还可运用一些新的技术手段，例如，尝试运用眼动仪、脑电技术等对听障学生的构思活动进行深度探测与观察，以更好地分析他们在写作构思过程中的思维活动。

参考文献

中文文献：

[1] 白瑞霞 . 聋人大学生汉语学习困难因素探析 [J]. 绥化学院学报 , 2014, 34 (1): 42–45+107.

[2] 蔡敏 , 张小亭 . 美国“6+1 特质”写作评价标准及启示 [J]. 教育测量与评价 (理论版), 2014, (7): 31–36.

[3] 陈晖 . 听障学生汉语书面语言能力现状考查及教学对策 [D]. 昆明 : 云南大学 , 2017.

[4] 陈沛 . 初中记叙文写作评价指标探析 [J]. 中国考试 , 2020, (4): 71–75+78.

[5] 崔亚冲 , 傅爱兰 . 特殊学校听障学生写作流程教学探析 [J]. 北京联合大学学报 , 2019, 33 (2): 80–86.

[6] 崔亚冲 . 听障学生汉语“瑕疵句”表现及对策分析 [J]. 现代特殊教育 , 2018, (8): 50–54+65.

[7] 崔亚冲 . 小学阶段听障学生写作教学模式研究——以北京启喑实验学校五年级听障学生为例 [D]. 北京：北京师范大学 , 2020.

[8] 崔亚冲 . 听障小学生过程与策略写作教学模式研究 [M]. 长沙：湖南大学出版社，2022.

[9] 戴健林 , 莫雷 . 谈写作构思过程的教学设计与实践 [J]. 课程 . 教材 . 教法 , 2001, (11): 25–28.

[10] 戴健林 , 莫雷 . 提纲策略对写作成绩影响的实验研究 [J]. 心理科学 , 2002, (02): 167–169+253.

[11] 戴健林 , 许尚侠 , 莫雷 . 作文前构思时间分配及其对写作成绩影响的研

究 [J]. 心理发展与教育 , 2001, (02): 36–40.

[12] 戴健林 , 朱晓斌 . 写作心理学 [M]. 广州 : 广东高等教育出版 , 2003.

[13] 董书婷 , 刘正伟 . 美国《2017 年 NAEP 写作评估框架》述评 [J]. 上海教育科研 , 2020, (2): 41–46.

[14] 杜国伟 . 写作 [M]. 北京 : 人民教育出版社 , 2006.

[15] 范琳 , 朱立霞 . 国外写作构思心理研究的进展 [J]. 外语教学 , 2004, (4): 65–70.

[16] 付心如 . 聋校语文有效教学的艺术与方法 [M]. 北京 : 光明日报出版社 , 2019.

[17] 高彦怡 . 聋哑学生汉语书面语表达问题分析及其教学对策 [D]. 长春 : 吉林大学 , 2008.

[18] 国务院 . 国务院关于印发“十四五”残疾人保障和发展规划的通知 [A/OL]. （2022–01–25）.http://www.gov.cn/zhengce/content/2022–01/25/content_5670341.htm

[19] 何克抗 . 教学支架的含义、类型、设计及其在教学中的应用——美国《教育传播与技术研究手册 (第四版)》让我们深受启发的亮点之一 [J]. 中国电化教育 , 2017, (4): 1–9.

[20] 贺卫东 . 中学语文教学案例研究 [M]. 西安：陕西师范大学出版社 , 2019.

[21] 黄红燕 . 关于聋生书面语技能的培养及训练 [J]. 中国特殊教育 , 2004, (4): 28–31.

[22] 黄霆玮 . 汉语口语测试评分员评价研究 [M]. 北京：中国书籍出版社 , 2019.

[23] 教育部师范教育司 . 聋童心理学 [M]. 北京：人民教育出版社 , 2000.

[24] 金慧媛 , 严菁琦 , 刘海涛 . 从聋生写作中考察“不”和“没 (有)”的习得过程 [J]. 中国特殊教育 , 2013, (8): 42–47.

[25] 李兴盈 , 汪晓赞 ,DALE A ULRICH, 等 . TGMD–3 在中国 3 ～ 12 岁儿童基本运动技能测试中的信效度研究 [J]. 武汉体育学院学报 , 2022, 56 (3):

86–92.
[26] 刘欢欢 . 大学生翻转课堂学习体验及其对元认知和学业成绩的影响研究 [D]. 武汉：华中师范大学 , 2020.
[27] 刘杰 , 卢海丹 . 聋生语法错误类型调查报告及分析 [J]. 中国听力语言康复科学杂志 , 2007, (4): 60–61.
[28] 刘卿 . 聋生对复句的掌握状况调查研究 [J]. 中国特殊教育 , 2011, (8): 53–58.
[29] 倪兰 , 和子晴 . 听障儿童多元语言能力的评估与发展 [J]. 北京联合大学学报 , 2022, 36 (2): 64–70.
[30] 倪兰 , 雷红波 . 重视听力障碍儿童的家庭语言规划 [N]. 中国社会科学报 , 2020–11–10.
[31] 瞿秋霞 . 关于加强聋生书面语教学的思考 [D]. 武汉 : 华中师范大学 , 2006.
[32] 荣维东 . 美国的写作策略教学及其启示——以 NWP2007 年《提高中学生写作水平的有效策略》报告为例 [J]. 语文学习 , 2009, (11): 4–9.
[33] 石志霞 . 现代教育理念下高中聋生写作能力的培养 [D]. 济南 : 山东师范大学 , 2007.
[34] 田澜 , 张大均 . 构思策略教学改善小学写困生故事文质量的实验研究 [J]. 心理发展与教育 , 2011, 27 (3): 282–288.
[35] 汤素兰 . 小学生作文起步 [M]. 长沙：湖南教育出版社，2018.
[36] 汤素兰 . 小学生作文全能辅导 [M]. 长沙：湖南教育出版社，2018.
[37] 万伟 . 教学评价方法与设计 [M]. 南宁：广西教育出版社 , 2011.
[38] 汪潮 . 不同文体教学 [M]. 上海：上海交通大学出版社 , 2016.
[39] 王鹤琰 . 基于“要素评价量表”的写作教学内容研究 [D]. 上海 : 上海师范大学 , 2016.
[40] 王红 , 王斌 . 聋生写作现状分析及教学策略 [J]. 绥化学院学报 , 2011, 31 (5): 25–27.

[41] 王姣艳. 从聋校学生的书面语谈其语言能力与教育对策 [J]. 中国特殊教育, 2004, (7): 18–21.
[42] 王志强. 聋校口语教学与双语教学述评 [J]. 中国特殊教育, 2012, (7): 55–60.
[43] 王梓雯, 连福鑫, 林云强. 中年级听障学生日记句型和句法偏误的研究 [J]. 中国特殊教育, 2018, (6): 35–41.
[44] 温忠麟. 心理与教育统计 [M]. 广州：广东高等教育出版社, 2016.
[45] 吴洪珺, 刘翔平, 杜英. 目标设置对写作困难儿童议论文说服力的促进效应研究 [J]. 心理发展与教育, 2006, (1): 69–73.
[46] 吴铃. 聋生 A 写作辅导的个案分析报告 [J]. 中国特殊教育, 2005, (3): 32–35.
[47] 吴铃. 聋人书面语学习困难的研究 [J]. 中国特殊教育, 2007, (5): 33–37.
[48] 伍新春. 小学六年级学生写作构思策略培养的实验研究 [J]. 心理发展与教育, 2001, (4): 52–56+64.
[49] 伍新春. 小学四年级学生写作构思技能培养的实验研究 [J]. 心理科学, 2001, (1): 42–45+126.
[50] 徐林. 小学生作文指导方法 [M]. 北京：华语教学出版社，2017.
[51] 肖李娟. 听障初中生写作能力及其影响因素研究 [D]. 重庆 : 西南大学, 2012.
[52] 修旭东, 肖德法. 英语写作策略、八级写作认知过程及成绩关系的结构方程模型研究 [J]. 外语教学与研究, 2006, (6): 460–465+480.
[53] 杨维东, 贾楠. 建构主义学习理论述评 [J]. 理论导刊, 2011, (5): 77–80.
[54] 叶立言. 语文教学要培养学生的思维能力 [J]. 中国聋人. 1981，（1）：20–21.
[55] 叶立言. 聋校语言教学 [M]. 北京：光明日报出版社, 1990.
[56] 袁芯. 论高职聋生的书面语言能力及教学策略 [J]. 现代语文 (教学研究版), 2013, (4): 12–14.
[57] 张开. 高考作文评分“基础等级”重要指标分类及解读 [J]. 中学语文教

学 , 2018, (1): 71–77.

[58] 张茂林 , 王辉 . 聋人及听力正常人工作记忆的比较研究 [J]. 中国特殊教育 , 2005, (5): 21–25.

[59] 郑璇 . 浅论手语对聋儿主流语言学习的影响 [J]. 中国听力语言康复科学杂志 , 2004, (1): 51–53.

[60] 中华人民共和国国家质量监督检验检疫总局、中国国家标准化管理委员会 . 残疾人残疾分类和分级 [S]. 北京：中国标准出版社 , 2011.

[61] 中华人民共和国教育部 . 聋校义务教育语文课程标准 [S]. 北京：教育部基础教育二司 , 2016.

[62] 祝新华 . 作文测评理论与实践 [M]. 武汉：湖北教育出版社 , 1991.

译著：

KUCKARTZ U. 质性文本分析：方法、实践与软件使用指南 [M]. 朱志勇 , 范晓慧 , 译 . 重庆：重庆大学出版社 , 2017.

SMAGORINSKY P . 多元视角下的写作研究：20 年变迁 . 祁小荣 , 李玲 , 译 . 上海：上海教育出版社 , 2019.

SPECTOR J M，MERRILL M D，ELE J，BISHOP M J. 教育传播与技术研究手册 . 任友群等 , 译 . 第四版 . 上海 : 华东师范大学出版社 , 2015.

英文文献：

[1] ANTIA S D, REED S, KREIMEYER K H. Written language of deaf and hard-of-hearing students in public schools[J]. Journal of deaf studies and deaf education, 2005, 10(3): 244-255.

[2] ARFÉ B. Oral and written discourse skills in deaf and hard of hearing children: the role of reading and verbal working memory[J]. Topics in language disorders, 2015, 35(2): 180-197.

[3] BENSON P. Autonomy in language learning[M]. Harlow: Longman, 2001.

[4] BEREITER C, SCARDAMALIA M. The psychology of written composition[M]. Mahwah NJ: Lawrence Erlbaum Associates, Inc, 1987.

[5] BRUNER J. The culture of Education[M]. Cambridge, MA: Harvard University Press, 1976.

[6] CAREY L, FLOWER L, HAYES J R, SCHRIVER K, HAAS C. Differences in writers' initial task presentations[R]. Pittsburgh, PA: Carnegie Mellon University, 1989.

[7] COLLINS A, BROWN J S, NEWMAN S E. Cognitive apprenticeship: Teaching the craft of reading, writing and mathematics[M]. Resnick L B. Knowing, learning and instruction: essays in honor of Robert Glaser. Mahwah NJ: Lawrence Erlbaum Associates, Inc, 1989: 453-494.

[8] CUMMING A H. Writing expertise and second-language proficiency[J]. Language learning, 1989, 39: 81-141.

[9] DE LA PAZ S, GRAHAM S. Effects of dictation and advanced planning instruction on the composing of students with writing and learning problems[J]. The journal of educational psychology, 1997, 89(2): 203-222.

[10] DE LA PAZ S., GRAHAM S. Strategy instruction in planning: effects on the writing performance and behavior of students with learning difficulties[J]. Exceptional children, 1997, 63(2): 167-181.

[11] ELLIS R. The study of second language acquisition[M]. Oxford: Oxford University Press, 1994.

[12] ELLIS R. Planning and task performance in a second language[M].

Amsterdam: John Benjamins Publishing Company, 2005.

[13] ENGLERT C S. Unraveling the mysteries of writing through strategy instruction[M]. SCRUGGS T, WONG B. Intervention research in learning disabilities. Springer-Verlag New York, Inc, 1990: 186-223.

[14] ENGLERT C S, RAPHAEL T E, ANDERSON L M, ANTHONY H M, STEVENS D D. Making strategies and self-talk visible: Writing instruction in regular and special education classrooms[J]. American educational research journal, 1991, 28: 337-372.

[15] FLOWER L, HAYES J R. The dynamics of composing: Making plans and juggling constrains[M]. GREGG L, STEINBERG E. Cognitive processes in writing. Mahwah NJ: Lawrence Erlbaum Associates, Inc, 1980: 31-50.

[16] GOTTLIEB M. Assessing English language learners: bridges to educational equity: connecting academic language proficiency to student achievement [M]. 2nd ed. Thousand Oaks, CA:Corwin, 2016.

[17] GRAHAM S, HARRIS K R. Self-regulation and writing: where do we go from here[J]. Contemporary educational psychology, 1997, 22(1): 102-114.

[18] GRAHAM S, HARRIS K R. Writing better: effective strategies for teaching students with learning difficulties[M]. Baltimore, MD: Paul H Brookes Publishing Co, 2005.

[19] GRAHAM S, PERRIN D. Writing next: effective strategies to improve writing of adolescents in middle and high schools[M]. Washington, DC: Alliance for Excellence in Education, 2007.

[20] GRAHAM S, HARRIS K R, MACARTHUR C A, SCHWARTZ S. Writing

and writing instruction for students with learning disabilities: review of a research program[J]. Learning disability quarterly, 1991, 14(2): 89–114.

[21] HALLENBECK M J. Taking charge: adolescents with learning disabilities assume responsibility for their own writing[J]. Learning disability quarterly, 2002, 25(4): 227-246.

[22] HARRIS K R. Cognitive-behavior modification: application with exceptional students[J]. Focus on exceptional children, 1982, 15(2): 1–16.

[23] HARRIS K R, GRAHAM S. Helping young writers master the craft: strategy instruction and self-regulation in the writing process[M]. Cambridge, MA: Brookline, 1992.

[24] HARRIS K R, GRAHAM S, MASON L H. Improving the writing, knowledge, and motivation of struggling young writers: effects of self-regulated strategy development with and without peer support[J]. American educational research journal, 2006, 43(2): 295 — 337.

[25] HAYES J R. A new framework for understanding cognition and affect in writing[M]. LEVY C M, RANSDELL S. The Science of writing theories, methods, individual differences, and applications. Mahwah NJ: Lawrence Erlbaum Associates, Inc,1996: 1-28.

[26] HAYES J R, FLOWER L. Identifying the organization of writing processes[M]. GREGG L W, STEINBERG E R. Cognitive processes in writing. Mahwah NJ: Lawrence Erlbaum Associates, Inc, 1980: 3-30.

[27] HAYES J R, NASH J G. On the nature of planning in writing[M]. LEVY C M, RANSDELL S. The science of writing: theories, methods, individual

difference, and applications. Mahwah NJ: Lawrence Erlbaum Associates, Inc, 1996:29-55.

[28] HAYES J R. Modeling and remodeling writing[J]. Written communication, 2012, 29(3): 369-388.

[29] HILL J R, HANNAFIN M J. Teaching and learning in digital environments: the resurgence of resource-based learning[J]. Educational technology research and development, 2001, 49: 37-52.

[30] HIROSE K, SASAKI M. Explanatory variables for Japanese students' expository writing in English: an exploratory study[J]. Journal of second language writing, 1994, 3: 203-229.

[31] HOPMAN M, GLYNN T. The effect of correspondence training on the rate and quality of written expression of four low achieving boys[J]. Educational psychology, 1989, 9(3): 197-213.

[32] JIN H, LIU H. Chinese writing of deaf or hard-of-hearing students and normal-hearing peers from complex network approach[J]. Frontiers in psychology, 2016, 7: 1-15.

[33] KAUFER D S, HAYES J R, FLOWER L. Composing written sentences[J]. Research in the teaching of English, 1986, 20 (2): 121-140.

[34] KELLOGG R. Attentional overload and writing performance: effects of rough draft and outline strategies[J]. Journal of experimental psychology: learning, memory, and cognition,1988, (14): 355-365.

[35] KNUUTTILA H. (2010). Written expression instruction for elementary students with learning disabilities: a review of literature[D]. Marquette, MI:

Northern Michigan University, 2010.

[36] MARSCHARK M, LANG H G, ALBERTINI J A. Educating deaf students: from research to practice[M]. Oxford University Press, 2002.

[37] MAXWELL M M, FALICK T G. Cohesion and quality in deaf and hearing children's written English[J]. Sign language studies, 1992, 77: 345–371.

[38] MAYER C. The demands of writing and the deaf writer[M]. MARSCHARK M, SPENCER P E. Oxford handbook of deaf studies, language, and education. 2nd ed. Oxford University Press, 2010: 144-155.

[39] MAYER C. Shaping at the point of utterance: an investigation of the composing processes of the deaf student writer[J]. Journal of deaf studies and deaf education, 1999, (1): 37-49.

[40] MAYER C. (2016). Addressing diversity in teaching deaf learners to write[M]. MARSCHARK M, LAMPROPOULOU V, SKORDILIS E K. Diversity in deaf education. Oxford University Press, 2016: 271-296.

[41] National Assessment Governing Board U. S. Department of Education. National assessment of educational progress [Z/OL]. (2019-7-1). https://nces.ed.gov/nationsreportcard/.

[42] NICOLARAKIS O D. An Examination of the writing strategies used by deaf and hearing adults: similarities and differences in cognitive, linguistic and conventional components[D]. New York, NY: Columbia University, 2020.

[43] PEA R D. The social and technological dimensions of scaffolding and related theoretical concepts for learning, education, and human activity[J]. Journal of the learning sciences, 2004, 13: 423 - 451.

[44] PUNTAMBEKAR S. Distributed scaffolding: scaffolding students in classroom environments[J]. Educational psychology review, 2021, 34: 451-472.

[45] PUNTAMBEKAR S, KOLODNER J L. Toward implementing distributed scaffolding: helping students learn science from design[J]. Journal of research in science teaching, 2005, 42: 185-217.

[46] QI S, MITCHELL R E. Large-scale academic achievement testing of deaf and hard-of-hearing students: past, present, and future[J]. Journal of deaf studies and deaf education, 2012, 17: 1-18.

[47] RAIMES A. What unskilled ESL students do as they write: a classroom study of composing[J]. TESOL quarterly, 1985, 19: 229–258.

[48] SADDLER B, MORAN S, GRAHAM S, HARRIS K R. Preventing writing difficulties: the effects of planning strategy instruction on the writing performance of struggling writers[J]. Exceptionality, 2004, 12(1): 3 — 7.

[49] DUNSMUIR S, KYRIACOU M, BATUWITAGE S, HINSON E, INGRAM V, S O'SULLIVAN S. An evaluation of the Writing Assessment Measure(WAM)for children's narrative writing[J]. 2015, Assessing writing, 23: 1-18

[50] SASAKI M. Toward an empirical model of EFL writing processes: an exploratory study[J].Journal of second language writing, 2000, 9: 259–291.

[51] SCARDAMALIA M, BEREITER C. (1985). The development of dialectical processes in composition[M]. ROSENBERG S. Advances in applied psycholinguistics. Cambridge University Press, 1985: 143-175.

[52] SCHRIVER K. Teaching writers how to plan: Which planning heuristics work best? [Z]. Paper presented at the meeting of the American Educational Research Association. St. Louis, Mo，1988.

[53] SCHUNK D H, SCHWARZ C W. Goals and progress feedback: effects on self-writing achievement[J]. Contemporary educational psychology, 1993, 18(3): 337-354.

[54] SELFE C L. The predrafting processes of four high- and four low-apprehensive writers[J]. Research in the teaching of English, 1984, 18(1): 45-64.

[55] SOMMERS N. Revision strategies of student writers and experienced adult writers[M]. Perl S. Landmark essays on writing process. Hermagoras Press, 1980: 75-84.

[56] SPIVEY N, KING J. Readers as writers composing from sources[J]. Reading research quarterly, 1987, (24): 7-26.

[57] TAYLOR B. Improving middle-graded students' reading and writing of expository text[J]. Journal of educational research, 1985, (79): 119-125.

[58] THARP R G, GALLIMORE R. Rousing minds to life: teaching, learning, and schooling in social context[M]. Cambridge University Press, 1988.

[59] VAN DEN AKKER J. Curriculum perspectives: an introduction[M].VAN DEN AKKER J, KUIPER W, HAMEYER U. Curriculum landscapes and trends. Dordrecht: Kluwer Acadmic Publishers, 2003: 1-10.

[60] VICTORI M. An analysis of writing knowledge in EFL composing: a case study of two effective and two less effective writers[J]. System, 1999, 27:

537–555.

[61] VIEL-RUMA K A. (2008). The effects of direct instruction in writing on English speakers and English language learners with disabilities[D]. Atlanta, GA: Georgia State University.

[62] VOTH T, GRAHAM S. The effects of goal setting and strategy facilitation on the expository writing performance of junior high school students with learning disabilities[Z]. Unpublished manuscripts， 1993.

[63] VYGOTSKY L S. Mind in society: The development of higher psychological processes[M]. Cambridge, MA: Harvard University Press, 1978.

[64] WHITE E M. Holisticism[J]. College composition and communicationm, 1984, 35(4): 400-409.

[65] WILSON K, LIZZIO A. The development, validation and application of the course experience questionnaires[J]. Studies in higher education, 1997, 22: 33-63.

[66] WITTE S P, CHERRY R D. Think-aloud protocols, protocol analysis, and research design: an exploration of the influence of writing tasks on writing processes[M]. SMAGORINSKY P. Speaking about writing. Thousand Oaks, CA: Sage, 1994: 3-19.

[67]WOLBERS K A. (2007). Strategic and Interactive Writing Instruction (SIWI): apprenticing deaf students in the construction of informative text[D]. East Lansing, MI: Michigan State University, 2007.

[68] WOLBERS K A, DOSTAL H M, DAVID C, LEALA H. Written language outcomes of deaf elementary students engaged in authentic writing[J].

Journal of deaf studies and deaf education, 2020, 25(2): 224-238.

[69] WOLBERS K A, DOSTAL H M, STEVE G, DAVID C, KILPATRICK J R, RACHEL S. The writing performance of elementary students receiving Strategic and Interactive Writing Instruction[J]. Journal of deaf studies and deaf education, 2015, (4): 385-398.

[70] WOLBERS K A, HANNAH D, STEVE G, LEE B M, JENNIFER K, RACHEL S. Strategic and Interactive Writing Instruction: an efficacy study in grades 3-5[J]. Journal of educational & developmental psychology, 2018, 8(1): 99.

[71] WOOD D, BRUNER J, ROSS G. The role of tutoring in problem-solving[J]. Journal of child psychology and psychiatry, 1976, (17):89-100.

[72] YOSHINAGA-ITANO C, SNYDER L S, MAYBERRY R. Can lexical/semantic skills differentiate deaf or hard of hearing readers and non-readers?[J]. The Volta review, 1996, 98: 39–61.

[73] YOSHINAGA-ITANO C, SNYDER L S, MAYBERRY R. How deaf and normally hearing students convey meaning within and between written sentences[J]. The Volta review, 1996, 98: 9–38.

附　录

附录 1　访谈提纲

教学前学生访谈提纲

第一部分　写作经历

1. 你平时写作文吗？写什么样的作文？

2. 以前老师教过你怎么写作文吗？教了什么？

第二部分　写作情况

1. 今天课堂上写《××》，你是直接写，还是先想一想再写？

（1）如果是先想再写：

· 开始写之前，都想了什么？

· 会先回忆事情的详细经过吗？比如哪些？

· 会回忆一些具体的感官细节吗？比如哪些？

· 想的时候，脑海里有一些具体的画面吗？什么样的画面？

· 有一些好词好句吗？

· 平时课后写作文，也是先想一想再写吗？

（2）如果是直接写：

· 写的时候会停下来吗？

· 如果会，是因为什么停下来呢？

2. 提前想好的东西：

· 写的时候都有用吗？

· 有忘记的吗？

· 有不要的吗？为什么不要？

3. 今天写作文的时候，想到以前老师教的写作方法（如果有）了吗？

（1）如果想到了：

· 想到了哪些方法？

· 平时课后写作文也用到了这些方法吗？

（2）如果没有想到：

· 你还记得老师教的方法吗？

· 如果记得，记得哪些？为什么不用这些方法呢？

4. 你认为写作文难吗？为什么？

教学中 / 后学生访谈提纲

第一部分　写作情况

1.今天课堂上写《××》[①]/ 最近写作文，你是直接写，还是先想一想再写？

（1）如果是先想再写：

· 开始写之前，都想了什么？

· 会先回忆事情的详细经过吗？比如哪些？

· 会回忆一些具体的感官细节吗？比如哪些？

· 想的时候，脑海里有一些具体的画面吗？什么样的画面？

· 有一些好词好句吗？

· 平时课后写作文，也是先想一想再写吗？

（2）如果是直接写：

· 写的时候会停下来吗？

· 如果会，是因为什么停下来呢？

① 由于最后一次教学访谈安排在课堂写作测验之前，因此有关该测验写作情况的内容改为问卷形式，由学生在写作后即时完成。

2. 提前想好的东西：

· 写的时候都有用吗？

· 有忘记的吗？

· 有不要的吗？为什么不要？

3. 今天写作文的时候，想到这学期老师教的写作方法了吗？

（1）如果想到了：

· 想到了哪些方法？

· 平时课后写作文也用到了这些方法吗？

（2）如果没有想到：

· 你还记得老师教的方法吗？

· 如果记得，记得哪些？为什么不用这些方法呢？

4. 你认为写作文难吗？为什么？

第二部分　教学反馈

1. 你觉得老师课上讲的写作方法对你有帮助吗？有什么帮助？

2. 你平时写作文的时候，会使用这些方法吗？

（1）如果用：会用到哪一些？经常用吗？

（2）如果不用：为什么？

3. 你感觉自己写作文有进步吗？

（1）如果有：哪些方面有进步？

（2）如果没有：为什么？

4. 你现在喜欢上作文课吗？为什么？

5. 上写作课的时候，你喜欢哪些内容，不喜欢哪些内容呢？

6. 你认为写作课对你有帮助吗？

（1）如果有：哪些内容对你有帮助？有什么帮助？

（2）如果没有：为什么？

7. 你觉得自己和班里其他同学在写作课上的表现，或者写出来的作文有进步吗？请具体说一说。

附录2　写作测验题目

写作一

话题：我战胜了困难

提示：当我们遇到困难的时候，不能轻易放弃，要努力想办法。你遇到过什么困难，又是怎样克服它的呢？

请以“我战胜了困难”为话题，写一篇作文，和班里的同学分享。

写作二

话题：我学会了……

提示：每位同学都有自己擅长的事情，比如打篮球、踢足球、骑自行车、放风筝、钓鱼、画画、做手工等，你还记得自己是怎么学会这件事的吗？

请以“我学会了……”为话题写一篇作文，和同学们分享你是如何学会做这件事的，尽量把经过和细节写清楚、具体。

写作三

话题：节日记事

提示：一年中有很多节日，如春节、元宵节、端午节、中秋节，还有国庆节、教师节等。在这些节日中，你有哪些难忘的经历呢？

请挑选节日里发生的一件事，和同学们分享你的经历，尽量把经过和细节写清楚、具体。

写作四

话题：一件温暖的事

提示：生活中有很多事情会让我们的内心感到温暖，如家人的关爱，老师和朋友的帮助、鼓励，或者是陌生人的善意……

请和同学们分享一件让你内心感到温暖的事情，尽量把经过和细节写清楚、具体。

附录3 写作时间记录表

写作时间记录表

1. 发放作文纸和草稿纸，并提示学生写作前和写作过程中都可以像使用构思表一样，在草稿纸上记录构思的内容。

2. 布置写作要求后，记录时间。

3. 观察学生是否开始动笔写，并逐一记录学生动笔的时间。

4. 观察学生是否完成写作，并逐一记录学生停笔的时间。

作文话题：			写作日期：	
学生	开始时间 （布置完写作要求）	动笔时间	停笔时间	备注
小惠				
小艾				
阿康				
小英				
阿伟				

附录4　研究知情同意书

尊敬的家长：

您好！本同意书旨在保证您对本项研究的内容拥有知情权，以供您决定是否让您的孩子参与本项研究。研究的详细信息如下：

研究题目：听障学生写作构思策略的教学干预研究

研究目的：本研究旨在考察构思策略教学对听障学生写作学习的干预效果，以帮助学生提高书面写作水平。

研究者：××（姓名）××××（单位）

地　址：××××

电　话：××××

邮　箱：××××

关于本项研究，您需要了解：

· 本研究的教学方法和材料由研究者和 ×× 特殊教育学校语文教师研讨确定，实际授课由语文教师实施；

· 研究者会向您解释这项研究的基本内容，并告知参与者的权利与义务；

· 本项研究遵循自愿原则，您可以自主决定是否让孩子参与或者中途退出研究；

· 如果您不愿让孩子参与研究，或者中途退出研究，都不会对您和孩子产生任何不利的影响；

· 在整个过程中，如果您有任何问题，可以随时向研究者提问；

· 请您认真阅读本同意书，确保完全了解情况后再决定是否参与本项研究。

如果您同意让孩子参与本项研究，那么孩子需要：

1. 积极参与写作指导课，并提交课程中产出的作文和草稿等材料。

· 您是否同意研究者使用孩子的作文和草稿等材料（仅用于学术研究，绝不公开孩子个人信息）。

□同意　　　　　　　　　　□不同意

· 您是否同意研究者对授课过程进行录像（录像的目的是更好地了解教学的情况，录像材料仅供学术研究使用，绝不对外公开）。

□同意录像　　　　　　　　□不同意录像

2. 参与 2 ~ 3 次访谈。在研究开始前、过程中，以及结束后，研究者会对孩子进行访谈，以了解孩子写作的具体情况。访谈过程中如有需要，将由语文教师对孩子的手语进行口头翻译。每次访谈持续 15 ~ 20 分钟。

· 您是否同意研究者使用访谈材料（仅用于学术研究，绝不公开孩子个人信息）。

□同意　　　　　　　　　　□不同意

· 您是否同意研究者对访谈过程进行录像或录音。

□同意录像　　　　　　　　□不同意录像

□同意录音　　　　　　　　□不同意录音

3. 填写 2 份调查问卷。在研究开始前和结束后，研究者将请孩子分别填写 1 次问卷，以了解孩子对写作知识的掌握情况、写作中存在的困难，以及对课程的看法。

· 您是否同意研究者使用问卷数据（仅用于学术研究，绝不公开孩子个人信息）。

□同意　　　　　　　　　　□不同意

通过参与本项研究，孩子可以：

· 获得专门的写作指导，进而提高自己的汉语写作能力。

· 帮助我们更好地了解构思策略教学对听障学生写作的影响，进而为听障学生汉语写作教学提供理论参考。

· 获得一份小礼品。

在参与本项研究的过程中，您和孩子有以下权利：

· 所有关于研究参与者的信息都是保密的，我们在研究过程中使用参与者的假名，并确保其真实信息不被泄露或辨识出来。

· 收集的所有资料只作为学术研究或教育活动使用。

感谢您同意孩子参与本项研究！如有任何疑问，请随时与我们联系！

家长签名：____________　　研究者签名：____________

日　　期：____________

附录5　教学实施过程（详表）

日期	进度	时长 / 课时	内容
2021.09.13	教学前 写作与访谈	90 分钟	课堂写作：《我战胜了困难》
2021.09.13—14		53 分钟	学生访谈： 1. 写作经历 2. 写作构思情况
2021.09.18	单元一教学	1 课时	1. 叙事文的要求和基本要素 2. 叙事文中的细节描写
2021.09.27		1 课时	1. 写作构思的基本环节和策略 2. 讨论、分析写作范例
2021.09.27		不限时	课后练笔：《跟 ×× 学 ××》
2021.10.08		不限时	课后练笔：《装饰班级》
2021.10.18		2 课时	1. 复习策略 2. 介绍构思提示表 3. 共同构思《记一次校园活动》
2021.10.18		不限时	课后练笔：《快乐运动会》
2021.10.25		1 课时	1. 复习策略 2. 共同构思《我跟老师学习做面包》
2021.10.25		不限时	课后练笔：《我跟老师学习做面包》

续表

日期	进度	时长 / 课时	内容
2021.11.1	单元一教学	1 课时	1. 复习构思策略和体裁知识 2. 交换阅读课后习作 3. 互相点评习作 4. 教师根据上节课的构思内容示范修改习作
2021.11.1		不限时	课后练笔：《记一次校园活动》
2021.11.8		1 课时	共同构思《有 ×× 真好》
2021.11.8		不限时	课后练笔：《有家真好》
2021.11.15	教学中	90 分钟	课堂写作：《第一次……》
2021.11.15	写作与访谈	117 分钟	学生访谈： 1. 写作构思情况 2. 课程学习体验
2021.11.22	单元二教学	1 课时	1. 复习构思策略 2. 讨论、分析写作范例
2021.11.29		1 课时	共同构思《记一次快乐的出游》
2021.11.29		不限时	课后练笔：《有趣的风筝节》
2021.12.06		1 课时	1. 交换阅读课后习作 2. 互相点评习作 3. 教师根据上节课的构思内容示范修改习作
2021.12.06		不限时	课后练笔：《难忘的……》
2021.12.10	教学中写作	90 分钟	课堂写作：《节日记事》
2021.12.13		1 课时	1. 复习构思策略 2. 讨论、分析写作范例
2021.12.20		1 课时	共同构思《一件惊险的事》

续表

日期	进度	时长 / 课时	内容
2021.12.20		1 课时	课后练笔：《第一次坐过山车》
2021.12.27		1 课时	1. 课前交换阅读习作，并书写评语 2. 课堂互相交流、点评习作 3. 教师示范修改习作
2021.12.27	教学后 写作与访谈	不限时	课后练笔：《我流泪了》
2022.01.07		90 分钟	课堂写作：《一件温暖的事》
2021.12.28		124 分钟	学生访谈： 1. 写作构思情况 2. 课程学习体验
2022.01.07		50 分钟	教师访谈：教学整体反思

附录6 教学设计

本研究中的教学干预共设计了三个主题单元（“技能学习”“生活拾趣”“成长感悟”），单元一的教学设计见正文4.3节，其他两个单元的教学设计如下。

主题单元二

第1课时 策略复习与范例分析

【教学目标】巩固构思策略知识。

【教学支架】

工具支架——策略助记图“构思三步走”；叙事文知识助记图“叙事七巧板”；写作范例；构思提示表

社会支架——讨论、示范

【教学过程】

环节1：复习策略

（1）请学生回忆“构思三步走”的内容

（2）展示策略助记图，向学生解释构思的三个环节及相关策略

环节2：讨论、分析写作范例

（1）教师展示范文题目《摘葡萄》（先不展示正文），请学生先根据题目思考：

① 这篇文章可能是写给谁看？可能会写一件什么样的事情？

② 如果我们来写这篇文章，应该写清楚哪些内容？

（2）教师根据学生的讨论，归纳并板书。

摘葡萄	**时间**：什么时候去摘葡萄？ **地点**：去哪里摘葡萄？ **人物**：谁去摘葡萄？ **起因**：为什么要去摘葡萄？ **经过**：摘葡萄的过程中发生了什么？★ **结果**：最后怎么样？ **感受**：这次摘葡萄好玩吗？开心吗？有收获吗？

板书示例

教师展示《摘葡萄》[①]的全文，请学生带着上面归纳的问题进行阅读，看看这篇文章是如何展示上述内容的。

摘葡萄

暑假的一天，阳光明媚，鸟儿在枝头欢快地叫唤，仿佛在呼唤我们出去玩。这时爸爸提议去果园摘葡萄，我一阵欢呼，和爸爸妈妈坐上汽车出发。

一下车，我迫不及待地奔向葡萄园。这里的葡萄可真多呀！有绿的、紫的、红的，五颜六色，晶莹剔透，十分诱人。我猴急地伸手摘了一颗大大的葡萄，啊，真甜哪！

爸爸笑着说："葡萄不是用手摘的，要用剪刀剪。"说着，他递给我一把剪刀。我接过剪刀，学着爸爸的样子，一手轻轻地托住葡萄，一手拿剪刀把茎剪断。只听"咔嚓"一声，一串紫色的葡萄就落到了我的手上，沉甸甸、水灵灵的。我口水直流，忍不住拿起一颗葡萄往嘴里塞，汁水四溢，香甜的味道在嘴巴里蔓延开。我干脆坐在地上，一颗接一颗地吃起来，不一会就把这串葡萄吃光了。

饱餐一顿后，我拿起剪刀，继续摘葡萄。"咔嚓""咔嚓"……汗水从我的额头流下来，篮子里的葡萄渐渐堆得满满的，就像一座小山似的。妈妈看见了，竖起大拇指说："儿子，你真能干！"我擦了擦汗水，心里乐开了花。

天黑了，我们恋恋不舍地离开了葡萄园。虽然摘葡萄的过程有些辛苦，但我感到很快乐，晚上梦乡里也充满甜甜的葡萄香味。

---

① 该范文选自汤素兰主编的《小学生作文起步》，内容根据教学需要进行了适当改编

（3）教师带领学生，借助叙事文知识助记图“叙事七巧板”把范文中的叙事要素整理出来，并写在构思提示表上。

（4）教师进一步展示删减后的例文，请学生比较两个版本，看看不同之处在哪里，并讨论细节的删减对文章有什么影响。

摘葡萄（删减版）

暑假的一天，爸爸提议去果园摘葡萄，于是我们一家人坐上汽车出发。

一下车，我迫不及待地奔向葡萄园，猴急地伸手摘了一颗大大的葡萄。

爸爸笑着说：“葡萄不是用手摘的，要用剪刀剪。”说着，他递给我一把剪刀。我接过剪刀，学着爸爸的样子，一手轻轻地托住葡萄，一手拿剪刀把茎剪断。然后，我坐在地上，一颗接一颗地吃起来，不一会就把这串葡萄吃光了。

饱餐一顿后，我拿起剪刀，继续摘葡萄。我摘了一篮葡萄，妈妈看见了，竖起大拇指说：“儿子，你真能干！”我擦了擦汗水，心里乐开了花。

天黑了，我们恋恋不舍地离开了葡萄园。虽然摘葡萄的过程有些辛苦，但我感到很快乐。

【课后作业】阅读范文《挖荠菜》，并把范文中的叙事要素和精彩的感官描写整理到相应的构思表中。

第 2 课时　构思策略应用

【教学目标】应用并加深构思策略的熟练程度。

【教学支架】

工具支架——策略助记图“构思三步走”；构思提示表

社会支架——共建

【教学过程】

环节 1：复习策略

（1）请学生回忆构思的基本环节和策略。

（2）出示策略助记图和构思提示表，并简要复习提示表的使用方法。

环节2：师生共同构思“记一次快乐的出游”

尝试以学生为主导、教师为辅助者，共同以“记一次快乐的出游”为话题进行构思：

（1）设定目标：准备写给谁看？希望和读者分享一次什么样的出游经历？读者从文章中可以具体了解到什么？

（2）发展想法：①结合话题和设定的目标，尝试列出若干相关的出游经历；②从中挑选出一个全班都有相关体验的事件（如去海边、登山等），以便进行下一步的具体构思；③详细回忆这次出游的细节，列出基本的信息和印象深刻的地方。（学生可能会提到许多零散的情节，如有需要，教师可以先在黑板上或白纸上记录下来，和学生一起挑选出比较有意思的情节，整理好再写到构思表上。）

（3）组织想法：参考“叙事七巧板”的结构图式，梳理出游活动的基本要素和脉络，并给作文起一个有吸引力的标题。

【课后作业】把课堂上共同完成的构思提示表打印或复印后，发给每位学生。请学生根据构思提示表完成作文，字数不限。

第3课时　习作点评与修改

【教学目标】了解自己的写作情况，并反思构思策略的应用情况。

【教学支架】

工具支架——构思提示表

社会支架——同伴互评、示范

【教学过程】

（1）学生交换课后完成的习作，并互相点评

（2）教师选取其中一篇习作，根据构思提示表，示范如何修改习作

【课后作业】以“难忘的聚会”或者“难忘的生日”为话题，独立构思并完成写作。

主题单元三

第 1 课时　策略复习与范例分析

【教学目标】巩固并加深对策略知识的理解。

【教学支架】

工具支架——策略助记图“构思三步走”；叙事文知识助记图“叙事七巧板”“细节放大镜”；写作范例；构思提示表

社会支架——讨论、示范

【教学过程】

环节 1：复习策略

（1）请学生回忆“构思三步走”的内容。

（2）展示“构思三步走”策略的助记图，巩固记忆。

环节 2：讨论、分析写作范例

（1）教师展示范文题目《荔枝冰卡喉咙》（先不展示正文），请学生先根据题目思考：

① 这篇文章可能是写给谁看？可能会写一件什么样的事情？

② 如果我们来写这篇文章，应该写清楚哪些内容？

（2）教师根据学生的讨论进行归纳、板书，并强调要把重点把经过写清楚。

荔枝冰卡喉咙

- **时间**：这是什么时候发生的事？
- **地点**：在哪里发生？
- **人物**：谁被荔枝冰卡住了喉咙？现场还有谁？
- **起因**：为什么会被荔枝冰卡住喉咙？
- **经过**：过程中发生了什么？★
- **结果**：最后怎么样？
- **感受**：这件事情带来什么感受？（惊险？害怕？疼痛？……）学会了什么道理？

板书示例

（3）教师展示《荔枝冰卡喉咙》的范文1（缩略版），请学生带着上面归纳的问题进行阅读，并尝试使用构思提示表把范文中的叙事要素整理出来。

荔枝冰卡喉咙（范文1）

在我的记忆里，给我留下痛苦回忆的事莫过于荔枝冰卡住喉咙了。

那是夏天的一个下午，我和同学在文化广场上进行滑旱冰比赛，看谁滑得快、滑得远。

时间分分秒秒地过去了，我们还没分出胜负，我感到很口渴。

中场休息时，好友刘翔递给我一袋荔枝冰。我急迫地把冰块塞到口中，冰块突然滑入了喉咙，不上不下地卡住了。

同学们见了，纷纷围过来，帮我想了很多办法，但都不管用。我越来越难受，这时，我的比赛对手钟玉让人拿来了矿泉水。我喝了矿泉水，冰块慢慢变小，终于咽下去了。最后，我感激地对大家说："谢谢大家的救命之恩！"

经过这次事件，我真正地感受到了生命的可贵，为此我郑重地提醒人们：做任何事情都要注意安全！同时，这次经历也让我感受到同学之间的真情。这真情温暖着我、感动着我，也激励着我。

师生一起讨论范文1存在的问题：经过详细吗？细节生动吗？哪些地方还可以写得更具体一些呢？

可先请学生自由讨论，教师再归纳或者引导学生仔细分析可以扩充的地方，例如：

①“我感到很口渴”：可以增加感官描写，把口渴的感受生动地表现出来。

②“我急迫地把冰块塞到口中，冰块突然滑入了喉咙，不上不下地卡住了”：可以具体写一写冰块为什么会突然滑入喉咙？被冰块卡住喉咙是什么样的感受？

③“同学们……帮我想了很多办法，但都不管用”：都想到了哪些办法呢？

④“我喝了矿泉水，冰块慢慢变小，终于咽下去了”：这个过程是很惊险的，但这里写得太简单，似乎很容易就咽下去了。可以把过程写得更详细一些，并增加一些感官描写，表现出过程的惊险和“我”的痛苦。

教师展示范文 1 和修改后的范文 2（见 4.2.2.1 图 9），结合上面的分析，引导学生比较修改前后的不同，并结合“细节放大镜”来理解如何刻画事件的经过和细节。

【课后作业】阅读范文《惊心动魄的经历》，并把范文中的叙事要素和精彩的感官描写整理到相应的构思表中。

第 2 课时　构思策略应用

【教学目标】进一步应用构思策略，加强构思策略知识的把握和运用水平。

【教学支架】

工具支架——策略助记图“构思三步走”；构思提示表

社会支架——共建

【教学过程】

环节 1：复习策略

（1）请学生回忆构思的基本环节和策略。

（2）出示策略助记图和构思提示表，并简要复习提示表的使用方法。

环节 2：师生共同构思“一件惊险的事”

以学生为主导、教师为辅助者，共同以“一件惊险的事”为话题进行构思：

（1）设定目标：准备写给谁看？希望和读者分享什么样的惊险事件？读者从文章中可以具体了解到什么？

（2）发展想法：①结合话题和设定的目标，尝试列出若干相关的惊险经历；②从中挑选出一个全班都有相关体验的事件，以便进行下一步的具体构思；③详细回忆这次经历的细节，列出基本的信息和印象深刻的地方，并确定哪些情节要重点写。

（3）组织想法：参考“叙事七巧板”的结构图式，梳理出游活动的基本要素和脉络，并给作文起一个有吸引力的标题。

【课后作业】把课堂上共同完成的构思提示表，发给每位学生。请学生根据构思提示表完成作文，字数不限。

第 3 课时　习作点评与修改

【教学目标】了解自己的写作情况，并反思构思策略的应用情况。

【教学支架】

工具支架——构思提示表

社会支架——同伴互评、示范

【教学过程】

（1）学生交换课后完成的习作，并互相点评。

（2）教师选取其中一篇习作，根据构思提示表，示范如何修改习作。

【课后作业】以“我流泪了”为话题，独立构思并完成写作。

附录 7　教学支架示例

1. 构思策略助记图

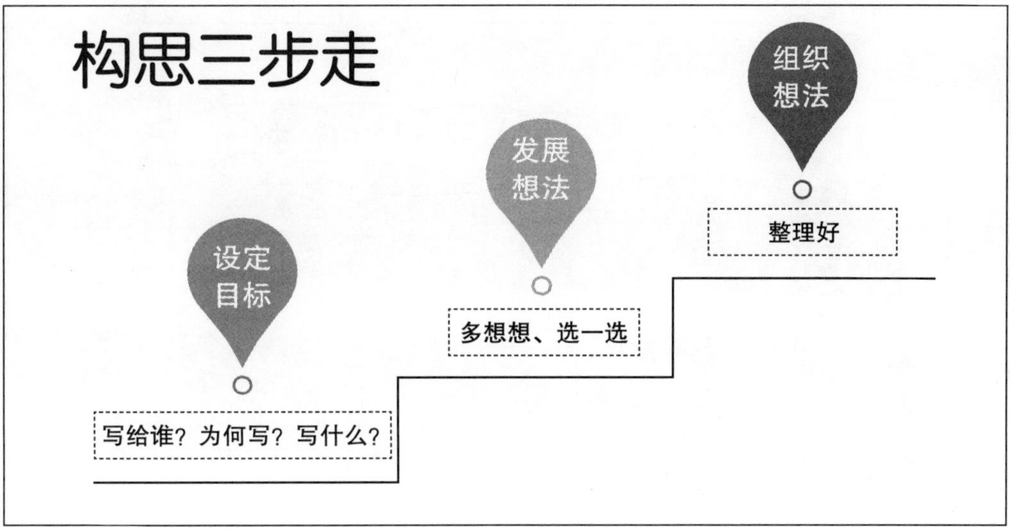

2. 叙事文知识助记图

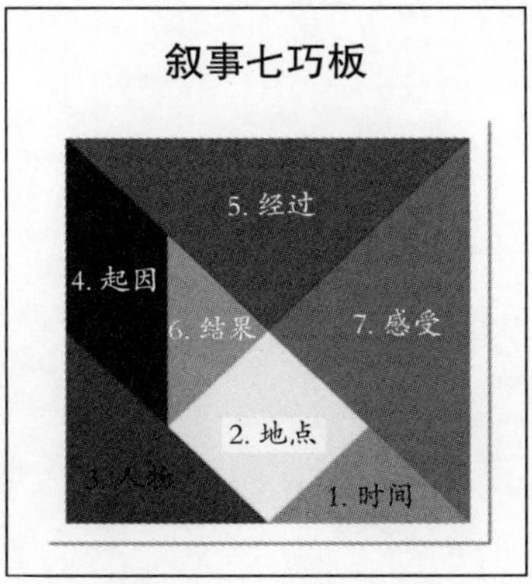

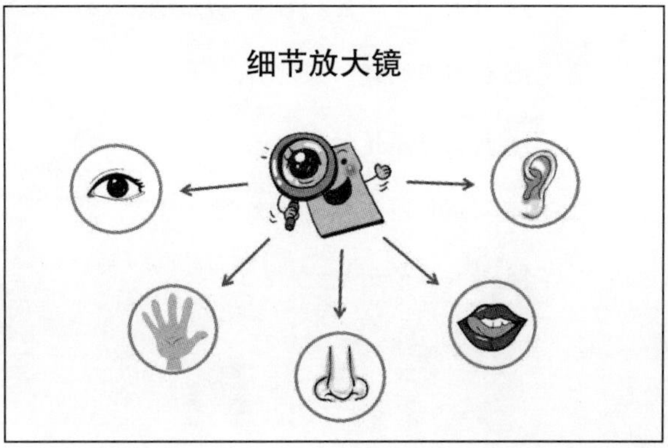

3. 构思提示表

构思提示表（设定目标）

姓名：____________ 日期：____________

写作要求：______________________________

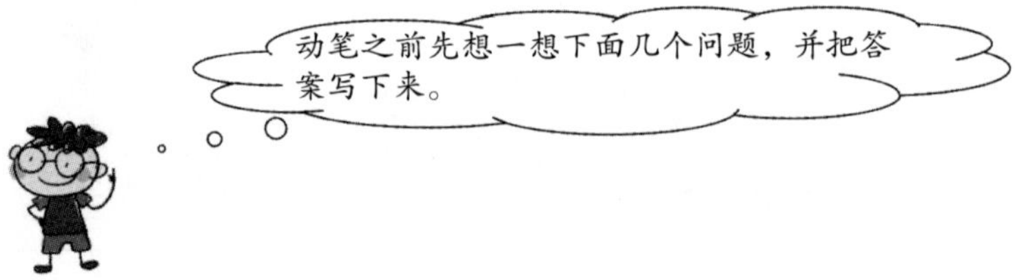

1. 我的作文是写给谁看的？

____

2. 我想和读者分享什么？

一件________（例如有趣、高兴、难过、惊险、令人佩服……）的事

3. 读者从这篇作文中，具体能够了解什么？

□完整的事件（包括时间、地点、人物、起因、经过、结果和感受）

□这件事情的详细经过

□我对这件事情的感受

□我从这件事中学到的道理

□生动具体的细节

构思提示表（发展想法）

按照写作要求，我能够想到下面这几个事件：

事件 1		☆我应该写事件________，因为： □ 这件事中有特别吸引人的地方。 □ 我能详细地讲述这件事的经过。 □ 我能把这件事的细节写清楚。 □ 这件事让我感受深刻，或者学到了一些道理。
事件 2		
事件 3		

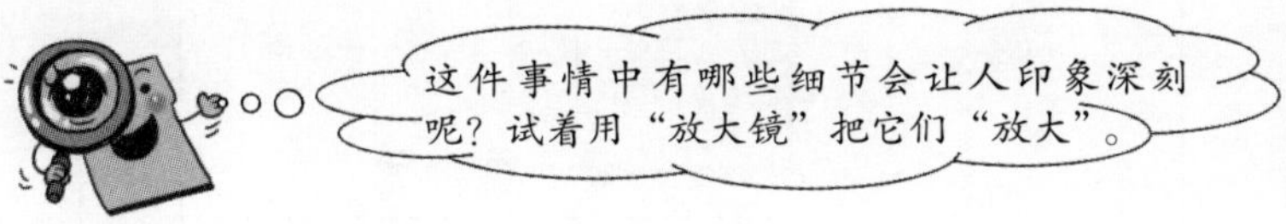

构思提示表（组织想法）

想一个好的标题吧：________________

1. 时间：________________

2. 地点：________________

3. 主要人物________________

其他人物：________________

7. 感受：________________

____

提示：哪里有精彩的细节？

请用☆标出来。

4. 起因：________________

5. 经过：

①________________

②________________

③________________

④________________

6. 结果：________________

构思提示表（整合版）

写给谁？为何写？写什么？

1. 我的作文是写给＿＿＿＿＿＿＿＿看的。
2. 我想和读者分享一件＿＿＿＿＿＿＿＿的事。
3. 读者从这篇作文中可以了解到：

□完整的事件
□这件事情的详细经过
□我对这件事情的感受
□我从这件事中学到的道理
□生动具体的细节

多想想、选一选

可以写的事件有：

1.＿＿＿＿＿＿＿＿＿＿＿＿＿＿。
2.＿＿＿＿＿＿＿＿＿＿＿＿＿＿。
3.＿＿＿＿＿＿＿＿＿＿＿＿＿＿。

我想写的事件：第＿＿个。

这个事件中有哪些吸引人的细节？

1.＿＿＿＿＿＿＿＿＿＿＿＿＿＿。
2.＿＿＿＿＿＿＿＿＿＿＿＿＿＿。
3.＿＿＿＿＿＿＿＿＿＿＿＿＿＿。
4.＿＿＿＿＿＿＿＿＿＿＿＿＿＿。
5.＿＿＿＿＿＿＿＿＿＿＿＿＿＿。

整理好

哪里有精彩的细节？请用☆标出来。

标题：＿＿＿＿＿＿

1. 时间：＿＿＿＿＿＿　2. 地点：＿＿＿＿＿＿　3. 人物＿＿＿＿＿＿
4. 起因：＿＿＿＿＿＿＿＿＿＿＿＿＿＿＿＿
5. 经过：①＿＿＿＿＿＿＿＿＿＿＿＿＿＿＿＿
②＿＿＿＿＿＿＿＿＿＿＿＿＿＿＿＿
③＿＿＿＿＿＿＿＿＿＿＿＿＿＿＿＿
④＿＿＿＿＿＿＿＿＿＿＿＿＿＿＿＿
6. 结果：＿＿＿＿＿＿＿＿＿＿＿＿＿＿＿＿
7. 感受：＿＿＿＿＿＿＿＿＿＿＿＿＿＿＿＿

附录8　学生构思笔记示例

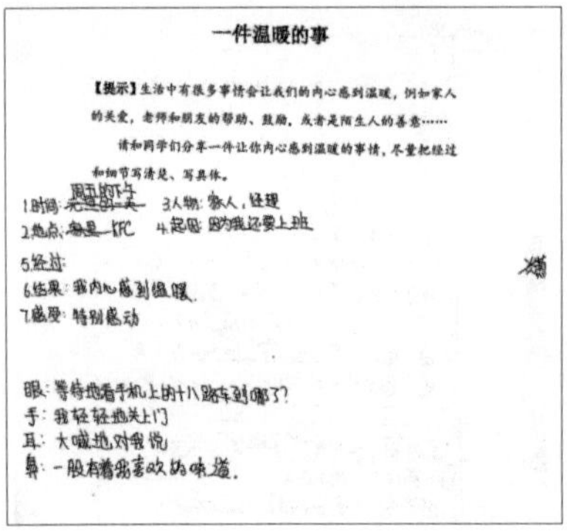

一件温暖的事

【提示】生活中有很多事情会让我们的内心感到温暖，例如家人的关爱，老师和朋友的帮助、鼓励，或者是陌生人的善意……

请和同学们分享一件让你内心感到温暖的事情，尽量把经过和细节写清楚、写具体。

1.时间：周五的下午　3.人物：家人，经理

2.地点：KFC　4.起因：因为我还要上班

5.经过：

6.结果：我内心感到温暖

7.感受：特别感动

眼：等待地看手机上的十八路车到哪了？

手：我轻轻地关上门

耳：大喊地对我说

鼻：一股有着我喜欢的味道。

小惠

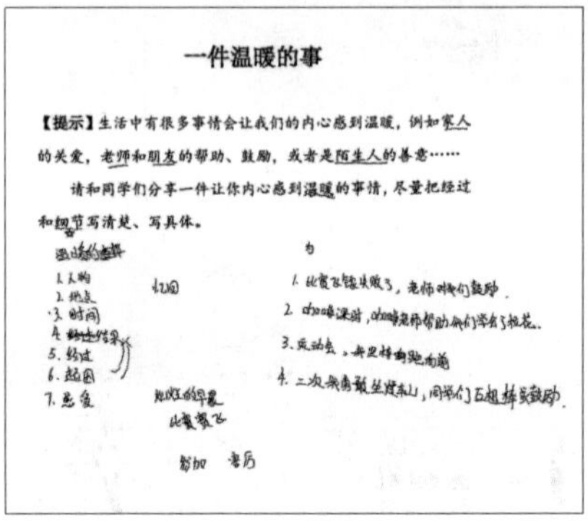

一件温暖的事

【提示】生活中有很多事情会让我们的内心感到温暖，例如家人的关爱，老师和朋友的帮助、鼓励，或者是陌生人的善意……

请和同学们分享一件让你内心感到温暖的事情，尽量把经过和细节写清楚、写具体。

1.人物

2.地点

3.时间

4.

5.经过

6.起因

7.感受

1.比赛飞镖失败了，老师对我们鼓励。

2.咖啡课时，咖啡老师帮助我们学会了拉花。

3.运动会，

小艾

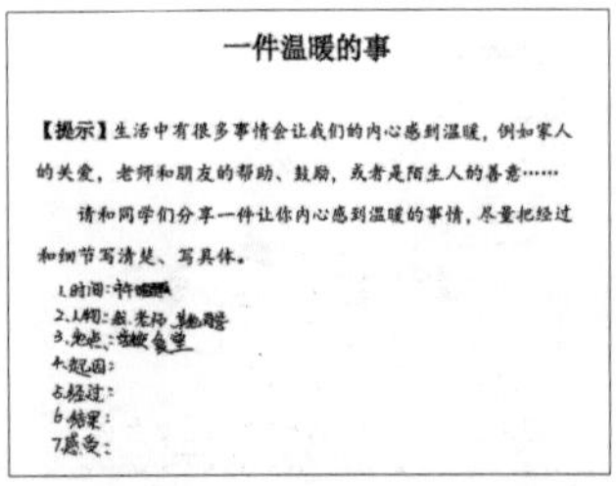

一件温暖的事

【提示】生活中有很多事情会让我们的内心感到温暖，例如家人的关爱，老师和朋友的帮助、鼓励，或者是陌生人的善意……

请和同学们分享一件让你内心感到温暖的事情，尽量把经过和细节写清楚、写具体。

1.时间：

2.人物：

3.地点：食堂

4.起因：

5.经过：

6.结果：

7.感受：

阿康

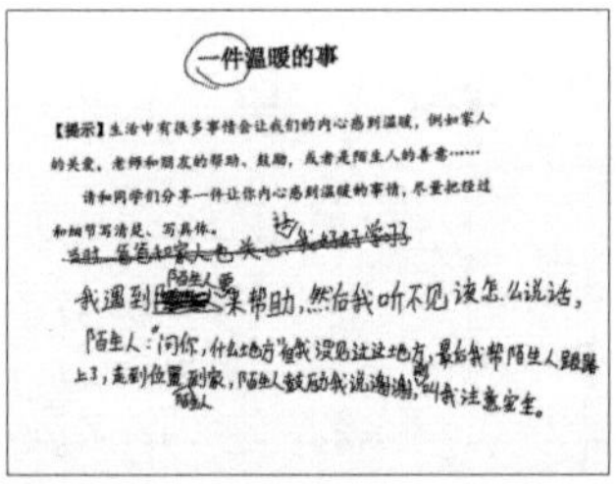

一件温暖的事

【提示】生活中有很多事情会让我们的内心感到温暖，例如家人的关爱，老师和朋友的帮助、鼓励，或者是陌生人的善意……

请和同学们分享一件让你内心感到温暖的事情，尽量把经过和细节写清楚、写具体。

我遇到陌生人要来帮助，然后我听不见该怎么说话，

陌生人："问你，什么地方"但我没见过这地方，最后我帮陌生人跟路上了，走到位置到家，陌生人鼓励我说谢谢，叫我注意安全。

小英

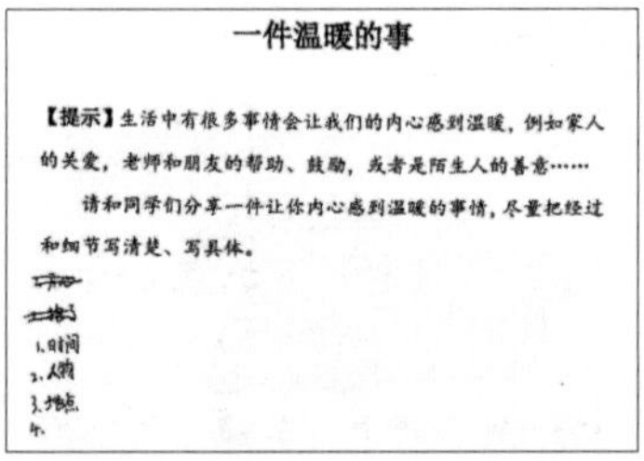

一件温暖的事

【提示】生活中有很多事情会让我们的内心感到温暖，例如家人的关爱，老师和朋友的帮助、鼓励，或者是陌生人的善意……

请和同学们分享一件让你内心感到温暖的事情，尽量把经过和细节写清楚、写具体。

1.时间

2.人物

3.地点

4.

阿伟

附录9　写作评价标准参考

<table>
<tr><th>评价标准</th><th>评价方式</th><th>写作类型</th><th>应用范围</th><th colspan="3">评价内容</th><th>评价等级</th></tr>
<tr><td rowspan="3">全国卷高考作文评分标准</td><td rowspan="3">整体性</td><td rowspan="3">通用</td><td rowspan="3">中国高考学生</td><td rowspan="2">基本等级</td><td>1. 内容</td><td>题意、中心、内容（材料）、思想、感情</td><td rowspan="3">1 ～ 4</td></tr>
<tr><td>2. 表达</td><td>文体要求、结构、语言和字迹</td></tr>
<tr><td>发展等级</td><td colspan="2">1. 深刻；2. 丰富；3. 有文采；4. 有创新</td></tr>
<tr><td rowspan="3">NAEP 写作评估框架（2017 年版）：“以表达体验为目的”的写作评价指南</td><td rowspan="3">整体性</td><td rowspan="3">以表达体验为目的写作</td><td rowspan="3">美国四至十二年级中小学生</td><td>内容的发展（development of ideas）</td><td colspan="2">体验的深度与复杂性、例子与感官细节、写作方法</td><td rowspan="3">1 ～ 6</td></tr>
<tr><td>内容的组织（organization of ideas）</td><td colspan="2">主题聚焦、逻辑性、过渡</td></tr>
<tr><td>语言能力与规范（language facility and conventions）</td><td colspan="2">用句、遣词、语气和语态；语法、惯例和书写机制</td></tr>
</table>

续表

评价标准	评价方式	写作类型	应用范围	评价内容		评价等级
NWREL 作文要素评价量表	分析性	通用	美国三至十二年级中小学生	内容（ideas）	主旨、细节与支撑材料、推理 / 思维、论据的选择与确认、读者意识	1 ~ 6
				组织（organization）	开头与结尾、过渡、顺序、节奏、写作目的 / 文本结构、题目	
				语气（voice）	读者互动、个性表达、语调、情感投入、贴合读者 / 写作目的	
				遣词(wordchoice)	词义表达、用词质量、词语的具体运用、语法	
				通顺（sentence fluency）	句子结构、语感和韵律、句子变化、语句衔接	
				规范（conventions）	拼写、标点符号、大小写、语法 / 词语用法、必要编辑、参考文献	
				书面呈现（presentation）	字体 / 字号、留白、文本特征、图表、书写	

图表索引

图 1　研究思路示意　/ 5
图 2　研究步骤示意　/ 6
图 3　Hayes 和 Flower（1980）的写作认知过程理论模型　/ 36
图 4　支架式写作构思策略教学模式　/ 44
图 5　构思策略助记图　/ 51
图 6　“细节放大镜”助记图　/ 52
图 7　“叙事七巧板”助记图　/ 52
图 8　叙事文构思提示表　/ 53
图 9　范文对比举例　/ 55
图 10　启聪班的教学环境　/ 66
图 11　写作样本在不同层面的均值变化　/ 99
图 12　内容层面的文本表现　/ 100
图 13　组织层面的文本表现　/ 103
图 14　语言层面的文本表现　/ 106
图 15　不同学生文本表现的发展轨迹　/ 107

表 1　支架式构思策略教学模式中的工具支架类型及其作用　/ 50
表 2　学生参与者的基本信息　/ 67
表 3　启聪班学生在教学前测验中的得分情况　/ 73
表 4　教学实施过程（简表）　/ 74

表 5　正式访谈资料一览 / 77
表 6　教学观察资料一览 / 78
表 7　数据分析方法 / 80
表 8　叙事文写作评价方法 / 88
表 9　叙事文写作评价方法的评分员间一致性信度（肯德尔协同系数） / 93
表 10　访谈资料转录规则 / 95
表 11　写作样本的长度 / 98
表 12　写作样本总分的均值与标准差 / 99
表 13　基于叙事文写作评价方法的写作质量等级 / 108
表 14　启聪班学生在教学前后测验中的构思笔记内容 / 113
表 15　启聪班学生对进步表现的感知 / 120
表 16　课后习作《第一次坐过山车》互评情况 / 127

后　记

本书是在我博士论文的基础上修改完成的，也是我出版的第一本学术著作。尽管这项研究尚存诸多有待深入的地方，但它作为我在学术道路上的一次重要探索，于我个人而言具有特殊意义。

在进入博士学习阶段之前，我对听障学生群体了解并不多。之所以把研究的视角聚焦到听障学生写作教学，是缘于博士期间的一次交流活动。2019年11月，我跟随导师傅爱兰教授和深耕于听障教育领域的郑璇教授到一所特殊教育学校访问交流。与听障教育的一线师生面对面，让我对听障学生在语言学习方面的困难第一次有了直观认知。回来后，我和几位志同道合的同学一起，对该校听障学生的语言使用情况做了进一步调研。在此过程中，我更加深切地体会到写作之于听障学生的重要性，并了解到一线教师在写作教学方法与资源上的迫切需求。这促使我最终把听障学生写作教学作为博士论文的选题方向。

本研究是在傅爱兰教授的指导下完成的，本书的出版也是在她的鼓励下提上日程的。傅爱兰教授既是我学业上的导师，也是我心灵上的引路人。她始终鼓励我忠于自己的内心，去探寻更好的自己，坚持做有价值的事，从而使我有勇气迈进一个新的研究领域，并克服研究过程中的种种现实困难而坚持下来。在老师的支持下，我决定出版本书，希望供学界同仁参考与讨论，并为听障教育领域的一线教师提供教学借鉴，真正发挥其价值。

合作学校师生们的支持，是我进行这项研究的重要动力。启聪班的刘老师和姜老师心怀对学生的热爱与我进行教学研讨与合作，从教学设计到实践阶段都提供了无私帮助。教务处的宁主任对教学实践的开展给予了大力支持，期间每周不厌其烦地为我进行入校报备，并不时关心我的研究进展。启聪班可爱的同学们作为本研究的重要参与者，全程参与写作课程，并在课后多次接受我的访谈。看到他们写作上的进步，课堂上日益灿烂的笑容，是我研究过程中最快乐的时刻。

我的同门师姐崔亚冲博士是我的亲密伙伴。她博士期间同样从事听障学生写作教学研究，我入学时她刚刚完成博士论文，经常充满热情地与我分享她在特殊教育学校的故事，我的研究方向无疑也受到她热情的感染。研究期间，她多次与我探讨研究方案和教学设计，帮助我整理思路、推进研究，还曾与我一起到学校进行教学观察。她的帮助，使我少走了许多弯路。

在研究和写作的过程中，北京师范大学的黄行教授、周荐教授、郑璇教授，中国社会科学院的贾媛研究员和中央民族大学胡素华教授都提供了非常宝贵的建议，使我能够更好地把握研究方向并完善研究内容。此外，邱月、李翔、戚诗炜、郎文洁、王梓力等诸多师友也都给予了无私帮助，无法一一列出，谨致谢意。

最后，特别感谢我的先生卢笑予博士，他的爱护与陪伴，让我得以心无旁骛地完成本书的写作。

李洁玲

于京师家园